АНТИСЕМИТИЗМ

КАК ЗАКОН

ПРИРОДЫ

КНИГА ДЛЯ ЕВРЕЕВ И НЕ

2015

Бруштейн Михаил
Антисемитизм как закон природы. Книга для евреев и не.
ARI Publishers, 2015. – 320 с.

Brushtein Michael
Anti-Semitism as a Law of Nature: A book for Jews but not only.
ARI Publishers, 2015. – 320 pages.

Эта книга написана под впечатлением от лекций профессора онтологии, каббалиста Михаэля Лайтмана.

Каббала рассматривает антисемитизм – ни много, ни мало – как естественное природное явление.

На первый взгляд это кажется невозможным. Трудно согласиться, что «особое отношение» к еврейскому народу каким-то образом связано не только с историческим развитием народов, но даже с... глобальным кризисом.

Парадоксальность вывода удивляет, но еще больше удивляет и поражает логика и завершенность каббалистической трактовки.

Насколько все это удалось передать автору книги, судить читателю.

М. Бруштейн

АНТИСЕМИТИЗМ
КАК ЗАКОН
ПРИРОДЫ
КНИГА ДЛЯ ЕВРЕЕВ И НЕ

на основе лекций
профессора онтологии
М. Лайтмана

СОДЕРЖАНИЕ

ВМЕСТО ПРЕДИСЛОВИЯ

Мутанты

Еврейская тема и, в частности, антисемитизм не сходит с повестки дня с момента появления самих нарушителей спокойствия. Причин особого отношения к евреям, какие бы они ни были, десятки, если не сотни. Этот факт говорит лишь об одном – еврейская загадка не разгадана.

Три с лишним тысячи лет назад. Все народы – как народы. Живут по нормальным, понятным каждому и сегодня человеческим законам. Во главе каждого народа стоит вождь, на современном языке – глава корпорации. Рядом с ним исполнительный орган – советники, несколько позже они стали называться боярами или лордами.

По сути – это руководители крупных подразделений. У каждого много движимого и недвижимого. Народ – рядовые сотрудники – свое место знали и, в общем, были довольны.

Если в стране чего-то не хватало, или подозревали, что не хватает, брали недостающее силой у ближайших соседей. Если этого было мало, брали у соседей дальних. Такие действия назывались освободительными походами или борьбой за жизненное пространство, сегодня – борьбой за демократические ценности.

Если нападали на них самих, нападавших называли захватчиками, а войну разбойничьей и грабительской.

К этому можно добавить, что грамоте обучены были лишь избранные, а существование больных и старых не приветствовалось. Все это было понятно и общепринято тогда, и в том или ином виде существует и сегодня. На этом фоне евреи выглядели настоящими инопланетянами или мутантами...

Их страна появилась раньше, чем в ней появился единоличный правитель – царь. О том, как такое могло произойти, историки не говорят, называют правление страной – теократией[1] и отмечают, что идею царской власти евреи переняли у язычников. Об «инопланетном» происхождении евреев говорят еще такие факты.

В отличие от соседей свои завоевательные походы они так и называли – захватническими. Убийство врагов геройством не считали, а факты своих деяний предавали широкой гласности, да еще в письменном виде. Аристократы – коэны и левиты, земельного надела не имели. Де-факто страной правили[2] старейшины, а не царь. Детей обучали грамоте с 3 лет[3]. Поэтому страна была поголовно грамотной. Кстати говоря, таких стран и сегодня не так уж много.

В дополнение ко всему, очевидно чтобы окончательно всех запутать, они взяли на себя выполнение каких-то невыполнимых или иррациональных законов: «Не воруй», «Не прелюбодействуй», или того непонятней – «Обрезание», «Не смешивать молочное и

---

[1] Миролюбов А. Быт еврейских царей. Предисловие. IV, 1898.
[2] РАМБАМ. Мишне Тора, Законы о царях, 2:5.
[3] РАМБАМ. Мишне Тора, Законы изучения Торы, 1:6.

мясное», и т.д. в том же духе. Всего 613 законов или заповедей. Впоследствии довели их до 620. На каждый такой закон составили еще комментарии и комментарии на комментарии.

Примечательные факты

Эта книга не об истории евреев, хотя это тема очень интересная и поучительная. Речь пойдет о том, о чем не знает никто и, в первую очередь, сами евреи. Но сначала несколько примечательных фактов.

Что происходило с народами, которых побеждали, дробили на части, угоняли в рабство, насильно ассимилировали или планомерно уничтожали? Ответ известен – такие народы исчезали. А что происходило с народами, которые создавали великие империи, всех побеждали, распространяли свое влияние, в том числе и язык, на захваченные территории? Ответ, как ни странно, тот же – такие народы исчезали вместе со своим величием.

Где они, древние египтяне, греки, римляне? Нет их. А языки завоевателей? Что случилось с ними? Ответ опять тот же – их нет.

Еще немного на ту же тему.

Ни один наш современник, на каком бы языке он ни говорил, не смог бы свободно общаться со своим пращуром, жившим 400 лет тому назад. Например, тот же Шекспир, живший в 16 веке, писал на староанглийском языке, который сегодня знают лишь лингвисты.

Евреи и здесь отличились. Вернули язык праотцев. Эти факты, как и приведенные выше, говорят лишь об одном. Существует естественный процесс развития, как народов, так и целых цивилизаций. Это правило, если не закон. Но, как известно, в любом правиле есть исключение. В нашем исследовании это евреи.

Клубок противоречий

Их называют на разных языках по-разному: евреи, йехудим, ивриим, йидн, джудиос, джус, йуде... У них есть страна, но многие хотят, чтобы ее не было; у них есть язык, но больше половины народа на нем не говорит; у них есть государство, но многие предпочитают в нем не жить, у них есть президент, но нет конституции.

У страны, в свою очередь, есть официальное название, но нет общепринятых границ; в ней живут миллионы, но она постоянно исчезает с карт; у нее есть столица, но в ООН считают иначе.

Предки жителей этой страны стоят у истоков религий, алфавита, финансовой системы и выходного дня. Этими достижениями дружно пользуются все, при этом благодарности не испытывает никто.

За евреями признают некую особенность, однако в чем она заключается, не знает никто, включая их самих. Самое поразительное, что они даже не вписываются в общепринятое понятие «народ».

Может показаться, что эти противоречия случайны и не более. У нас есть достоверные сведения, что это не случайность, а запланированная закономерность.

Особое отношение

С момента своего появления, еврейский народ вызывал у остального человечества множество эмоций. Изредка эмоции были положительными, но гораздо чаще они были, мягко говоря, отрицательными.

Поступим, как поступил писатель Джордж Оруэлл. Он считал, что это явление надо исследовать не вопросом – «Почему это совершенно иррациональное убеждение свойственно другим?», а – «Почему это убеждение свойственно мне?».

Спроси себя читающий эти строки: «Что чувствуешь лично ты по отношению к евреям?» Если тебя это никак не трогает, – не спеши с выводом, что автор не прав или преувеличивает. Как известно, все познается в сравнении. Поэтому возьмем для сравнения другой народ, например, голландцев, цыган или любой другой, какой вам нравится или не нравится. Теперь скажи, только честно, есть ли разница в ощущении, когда ты слышишь слово «голландец» и когда – «еврей»? Тест прост, но показателен.

Ну, хорошо, давайте отнесем это к эмоциональному всплеску, вызванному арабо-израильскими противоречиями сегодняшнего исторического периода. Заглянем в прошлое. А что же было раньше, этак пару веков назад?

Выясняется, что раньше было еще хуже. Правители и народы после кратких всплесков расположения переходили к своему обычному состоянию неприятия. Это в том случае, если они с евреями встречались.

А если народы никогда евреев не видели, что происходило тогда? Оказывается, что даже в этом случае они тоже к евреям неравнодушны. Ну, например, китайцы.

Существуют многочисленные объяснения этому явлению. Не будем скрывать, что все они являются ошибочными. На самом деле, существует лишь одно единственно правильное объяснение этому феномену.

Причины

Скажем прямо – евреев не любили и не любят. Иногда так сильно не любят, что можно сказать прямо – ненавидят. Ненависть – это очень сильное, отрицательное чувство. Ненависти предшествует конкретный или кажущийся таковым проступок.

Ты мне что-то сделал, какую-то гадость, или мне показалось, что сделал, и я тебя за это ненавижу. То есть в этом деле фигурируют серьезная причина и ответная бурная реакция. С евреями в точности наоборот. Сначала, априори, их не любят, как в примере с китайцами, а потом находят причину этой нелюбви.

Может быть, это выдумки и домыслы? Перед вами небольшой несколько беспорядочный перечень причин ненависти к евреям.

Их ненавидели за то, что позволяли себя унижать, и за то, что они сопротивлялись унижениям. За дремучесть и отсталость, и за вклад в науку, философию и искусство. За участие в революции и за участие в контрреволюции. За спекуляцию и за участие в раскулачивании. За их телесную хилость и за их физическую силу. За их культурное отставание и за засилье в Голливуде. За их замкнутость и за то, что они выскочки и наглецы.

Подытожить вышесказанное можно таким образом: был бы еврей, а причина его не любить всегда найдется.

Сбежать не удается

Евреи не мазохисты и пытались и пытаются от своего еврейства сбежать. Они хотят быть как все. Неважно, кто в этот момент рядом – греки, римляне или немцы.

Народы мира тоже, в свою очередь, пытались евреям в этом помочь разными способами – от ассимиляции до тотального уничтожения. Но, несмотря на обоюдные старания, воз и ныне там. Проходило время, включался невидимый механизм и причина или источник гонений исчезал, ночь сменялась днем, гнев сменялся на милость и евреи опять возрождались.

Уже большинства народов – современников древних евреев – давно нет, а они есть.

Точно так же, как подчиняясь неумолимым законам природы, количество мужчин соответствует количеству женщин, евреи, словно птица Феникс возрождаются и вопреки чужим и собственным стараниям остаются на карте мира. Вопрос – для чего?

Всемирный заговор

Рядом с еврейским народом прочно обосновалось понятие «мировой заговор». Мы не будем отрицать, что заговора нет. Более того, мы подтверждаем, что такой заговор существует, и основные действующие лица в нем, действительно, евреи. Вместе с этим, надо внести несколько важных поправок.

Во главе этого заговора евреи не стоят и, более того, – евреи о существовании этого заговора даже не догадываются.

Есть ли упоминания о заговоре в первоисточниках? Что сказано в Торе по этому поводу. Выясняется странная вещь. Евреи должны принести свет народам. О каких народах идет речь? Обо всех? А что скрывается за словом «свет»?

Мы знаем, что всё, что евреи принесли в мир, от единобожия до теории относительности, признательности по отношению к ним не вызвало. И вообще, пока они сидели тихо, их не любили, но обвинить особенно было не в чем, кроме как в сборе крови христианских младенцев для выпечки мацы.

Теперь же ситуация намного ухудшилась, поскольку нет такой области, где бы евреи не преуспели. От Голливуда до водородной бомбы. С другой стороны, разве не удивительно? Люди работают не покладая рук, а ненависть к ним только увеличивается?

Что бы ни говорили, но за всем этим кроется некая тайна.

Евреи – часть всемирного заговора, который

запрограммирован самой Природой. Программа уже запущена, участники расставлены по местам, начался обратный отсчет…

Глава 1
РОЖДЕНИЕ НАРОДА

Родоначальник «инопланетян»

Как известно, первым евреем («иври» – עברי) был Авраам[4]. О том, откуда это слово появилось и что оно означает, мы поговорим ниже, а пока познакомимся с несколькими однокоренными словами, которые нам скоро понадобятся: «по ту сторону» (ми-эвер – מעבר), «он переходит» (овер – עובר).

Где и когда жил этот родоначальник «инопланетного» народа? По дошедшим до нас сведениям, Авраам был жителем древней Вавилонии.

Родился он примерно в 1800-м году до н. э., в городе Уре Халдейском[5], в семье уважаемого человека, жреца, по имени Терах. Семья кормилась производством предметов культа или, попросту говоря, делала идолов. Товар пользовался немалым спросом, и семья жила в достатке.

Вообще-то к обстановке того времени напрашивается термин – «застой». Каждый был занят каким-то делом, или делал вид, что занят. Продуктов питания хватало, на улицах было тихо. Лишь иногда тишину улиц нарушали народные гуляния и процессии, санкционированные властями.

Свободное время обыватели проводили в храмах, благо их было около полусотни. Среди прочих аттракционов не последнее место занимали общения

---

4   Тора, Берешит, 14:13.

5   Ур – один из крупнейших городов Шумера, а затем Вавилонии. Библейское название Ур Касдим (Ур Халдейский) объясняется тем, что в библейский период Ур был частью территории, населенной халдеями.

с божками-идолами. Идолов народ уважал – они выполняли желания клиентов и лишнего не болтали. От них зависела судьба и благосостояние человека, поэтому к покупке идолов относились с большой ответственностью. Фирма Тераха славилась качественным товаром и широким ассортиментом.

Наученные историческим опытом, мы догадываемся, что эта идиллия не могла продолжаться бесконечно. Колесо истории не стоит на месте. Приходит новое поколение, и былые ценности начинают терять свою привлекательность.

Родительские идолы всегда не нравятся молодежи. И голова у них не круглая, и уши не красивые, и модель не престижная.

Так происходило тогда, так происходит и сегодня. С Авраамом дело обстояло иначе. Родительские идолы его не интересовали. Однажды, еще в раннем детстве[6], он осознал, что мир устроен совсем не так, как написано в учебниках...

---

6   РАМБАМ. Мишне Тора, Законы об идолопоклонстве, 1:3.

Природа = Творец

В Мидраше (толкованиях, дополняющих Пятикнижие Моисея) очень поэтично описывается ход его размышлений.

И увидел Авраам солнце над землей.
Очарованный величественным видом солнца,
его теплом и светом, он весь день возносил
молитвенную хвалу солнцу.
Когда солнце зашло, а на небе появилась
луна, окруженная мириадами звезд, Авраам
подумал: «Вот это светило, очевидно, и есть
божество, а маленькие светильники, его
окружающие – это его вельможи, воины и
слуги». Всю ночь он пел гимны луне.
Но вот наступило утро; луна зашла на
западе, а на востоке снова появилось солнце.

– Нет, – сказал Авраам, – есть Некто, который властен и над солнцем, и над луною. К Нему стану я возносить моления мои[7].

По сути, Авраам вышел вообще на другой уровень понимания мира. Его соотечественников устраивало то, что они знали, что ели и пили и чем занимались. Их мысли были очень далеки от идей Авраама.

К чему такие высокие материи? Мир прекрасен и все в нем понятно. Нужно только следовать

---

[7] Утерянный Мидраш. Приводится в комментарии к Торе «Рабэйну бахье», гл.15, строка 6.

нескольким несложным правилам: уважать богов, не скупиться на жертвы, обходить черных котов и тогда все будет хорошо.

Ночь, утро, завтрак, работа создают иллюзию жизни. Так было в Вавилонии, так происходит и сегодня.

В самом деле, зачем еще что-то? Что касается идолов, их всегда в избытке: «Интерны», «Поле чудес», «Звезды на льду»…

Вместе с этим, кое в чем мы от древних вавилонян отличаемся. Им, например, чужие идолы не мешали. Относились они к ним с пониманием и сочувствием. Можно сказать, они были не такими эгоистами, как мы. На эту тему мы еще поговорим, а пока вернемся к Аврааму.

Он взрослел, исследовал, размышлял. «Кто я? Для чего я? Куда я?» Отвечая на эти вопросы, Авраам проходит длительный и очень сложный путь самопознания. В результате этих исследований он пришел к парадоксальному выводу. Мир, говоря современным языком – глобальный и интегральный.

Для справки:

Глобализация – процесс усиления взаимосвязи и взаимозависимости культурных, экономических, политических, информационных и других общемировых систем.

Интеграция – процесс объединения человечества в единый слаженный организм…

Как он к этому пришел, – непонятно. Разве тогда была мировая финансовая система? Разве была всемирная сеть – Интернет и Евросоюз? Разве Китай был всемирным производителем товаров, а Америка всемирным производителем денег? Конечно, нет. Ничего похожего.

И ведь это еще не все. Каким-то образом он понял, что природа, а точнее Природа – это не только моря, леса и горы. Это глобальная интегральная система, а человек хотя и самая развитая, но все-таки лишь ее часть. Он объединил понятия Творец и Природа в одно целое. Оказалось, что гематрии – численные значения, этих слов на иврите идентичны.

И наконец, самое главное. Он систематизировал свои открытия, разработал методику постижения Природы-Творца, которая в будущем получит название «каббала» (получение)…

По правде говоря, невозможно понять, что на самом деле произошло с Авраамом. Одним словом – мутация…

Переход в другую реальность

> *В Вавилонии также господствовал принцип активного удовольствия, как главной цели существования. Конечно, чтились не только ценности материальные, но и мудрость, героизм, миролюбие, справедливость и верность слову. И все-таки на первый план выступает долголетие, здоровье, наличие детей-наследников и богатства, открывающего доступ к разнообразным наслаждениям.[8]*

По правде говоря, жизненные принципы вавилонян и сегодня нам ближе, чем идеи Авраама. Тем более странно, как примерный сын своей эпохи так кардинально изменил свое мировоззрение.

Он как будто совершил переход в другую реальность. Вспомним, что у слова «иври» – עברי есть однокоренное слово «овер» – עובר – переходит, и еще «маавар» – מעבר – переход.

Вместе с этим он оставался жрецом и сыном жреца. Он зарабатывал на идолах и прекрасно знал цену своему товару. Понятно, что это не могло продолжаться бесконечно.

---

[8] Лайтман М, Хачатурян В. Судьбы человечества. Каббала о всемирной истории, 2011. С. 145.

Однажды пришла к нему (Аврааму в лавку) женщина с миской тонкопросеянной муки и сказала:

– Вот, поднеси это им.

Встал Авраам, взял палку, разбил всех идолов и вложил палку в руки самого большого из них. Вернулся отец и спросил:

– Кто это сделал?

– Не буду скрывать от тебя, – ответил Авраам. – Пришла одна женщина с миской риса и сказала мне: «Возьми и поднеси им это». Я так и сделал, а они начали спорить. Один говорит: «Я первый поем», а другой говорит: «Нет, я». Тогда встал самый большой из них, взял палку и разбил их.

– Что ты мне сказки рассказываешь? – сказал отец. – Я же их знаю. Слышат ли уши твои то, что изрекают уста?[9]

Папаша Терах принадлежал к сливкам просвещенной элиты и понимал, что его товар не совсем соответствует рекламному описанию. Вместе с этим, бунт сына он не одобрил, и с тех пор их пути разошлись.

Произошедшее с Авраамом, в какой-то мере было созвучно с тем, что происходило во всей стране. Сегодня такого рода изменения называют «эволюционным скачком». Это – когда, так называемые, «прогрессивные» ценности приходят на смену консервативным. Авраама заинтересовало это явление, и он занялся

---

9   Мидраш Раба, Берешит, 38:13.

исследованием.

Он открыл, что этот непрерывный процесс направлен, прежде всего, на развитие человека. Он раскрыл также его волновую природу: периоды подъемов неизменно сменяются периодами спадов. Выяснилось также, что процесс этот остановить нельзя, в то же время контролировать его можно.

Больше всего поражает главный вывод, к которому пришел Авраам. Оказалось, что ключ к этому глобальному процессу находится в... отношениях между людьми.

Насколько это просто звучит, настолько это сложно услышать. От моих взаимоотношений с ближним, зависит могучий природный процесс?

Звучит это, мягко говоря, неправдоподобно. Авраам написал книгу или, если хотите, инструкцию управления этим процессом. Она называется «Сефер Ецира» (Книга Создания).

Нанотехнологии Вавилона

Эволюционный или революционный процесс в Вавилонии отличался от подобных процессов нового времени. Народ не боролся с властью. Она еще не успела его «достать». Это потом появятся либералы, демократы, левые и правые, фашисты и коммунисты. В те времена боролись с более достойным противником – богами.

Авраам, как человек другого мира, поступил просто. Отменил божков, как класс, и все. Его соплеменники пошли по другому пути. Они решили богов победить. В некотором смысле мы до сих пор продолжаем этим заниматься...

Поскольку народ верил, как верит и сегодня, что панацея от всех проблем находится в прогрессивных технологиях, постановили применить последнюю новинку – кирпичное строительство.

Сказал Нимрод народу своему: «Давайте построим большой город и поселимся в нем, чтобы не рассеяться по земле, подобно предкам. И построим себе в нем большую башню, возносящуюся до небес... И обретем себе громкое имя на земле...»

Рабби Пинхас говорит: «Не было там камней, чтобы построить город и башню...

...Если падал человек и умирал – не обращали внимания, а если падал кирпич, садились и плакали, говоря: «Когда другой встанет на его место?»

И проходил Авраам, сын Тераха, и увидел, как они строят город и башню, и проклял их именем Бога».[10]

Жаль, не было у вавилонян нанотехнологий, как у нас сегодня. Вот бы богам не поздоровилось. Но это так, мысли вслух...

Итак, было решено построить высокую башню до самых небес (небоскреб) и тем доказать свое величие. Как известно, этот проект провалился, но лиха беда начало. Последующие поколения успешно приняли эстафетную палочку у древних вавилонян...

Во всей этой истории есть один показательный момент. Ни заказчик, ни архитекторы, ни экспертная комиссия, – никто не предъявил претензии субподрядчику по поводу бракованных материалов, неквалифицированной рабочей силы или сроков поставки. Нет. Выводы комиссии лежали в совершенно другой плоскости.

Было объявлено, что проект провалился из-за внезапно вспыхнувших дрязг (разногласий) между заинтересованными сторонами. Потом, конечно, вину за случившееся, как обычно, перевалили на богов (форс-мажор), однако суть дела осталась прежней. Недопонимание между людьми, или смешение языков, или, другими словами, путаница, привела к провалу грандиозной стройки века. Кстати, Вавилон (на иврите – Бавель) происходит от слова «бильбуль» – путаница.

---

[10] Пиркей де-рабби Элиэзер, гл. 24.

Задолго до описываемых событий, Авраам пытался поделиться своими открытиями. Он предупреждал вавилонян, что с богами бороться глупо. Объяснял, что в противном случае их ожидает взаимная ненависть, и неприятное следствие – рассеяние по земле. Он предлагал строителям башни методику преодоления ненависти и постижения мироздания. Но, как известно, вавилоняне отнеслись к этому с недоверием.

Хорошенько выпить и закусить – вопроса нет. Посетить капище – сколько угодно. Сыграть партию в кости – хоть сейчас. Самые прогрессивные даже согласились послушать его лекцию, но применять на себе непроверенные методики? Себе дороже...

С другой стороны, понять их можно. Кем был в их глазах Авраам? Бывший коммерсант, бывший служитель культа, – сегодня безработный бродяга с сумасшедшими идеями.

Авраама это не остановило. Он упорно продолжал свою работу. Ведь он предлагал не липовый перпетуум-мобиле. Открытая им методика полностью меняла взаимоотношения человека с окружающей действительностью. Мелкие эгоисты и идолопоклонники получили шанс стать интегральной частью всего мира...

Восход антисемитизма

Как известно, нет пророка в своем отечестве. Местный правитель Нимрод узнал, что Авраам ведет агрессивную рекламу своих идей и сбивает с толку верноподданных. В результате возникшего конфликта, Авраам с женой Сарой и группой из нескольких тысяч последователей-вавилонян был вынужден уйти.

Переходя из страны в страну, из города в город, Авраам продолжал распространение своей методики. Он разбивал шатер и приглашал всех желающих.

> *И если находил гостей, вводил их в свой дом... И, более того, он возводил большой шатер у дорог и ставил кушанья и напитки. И всякий прохожий входил, ел и пил, и благословлял небеса, как сказано: «посадил тамариск[11] в Беэр-Шеве».[12]*

Рядом с шатром Авраама стоял шатер его жены Сары, где она проводила уроки для женщин[13].

Ученики Авраама, как и их учитель, с помощью методики постижения интегрального мира совершили духовный переход.

> *Рабби Йегуда говорит: «Весь мир*

---

[11] «Тамариск» (אש"ל) – аббревиатура слов: еда, питье, проводы (אכילה, שתייה, לוייה).

[12] Тора, Берешит, Вайера, 21:33.

[13] Мидраш Раба, Лех леха, 14.

– один переход (маавар), и он (Авраам
- иври) – один переход».[14]

В дальнейшем этот народ получал разные имена. Но все они, так или иначе, связаны не с его генетическим происхождением, а если можно так сказать, с происхождением идеологическим. Убедитесь сами.

Название «Израиль», «Исраэль» (ישראל)
происходит[15] от слов «яшар» (ישר) и
«эль» (אל), что в переводе означает
«прямо к Творцу». Название «иудей»
(йеуди - יהודי) происходит[16] от слова
«единство» (йехуд - יחוד): человек
достигает единения с Высшей Силой.

Вавилонский опыт показал, что в оригинальном виде системой Авраама могут пользоваться лишь единицы. Для большинства необходимо пройти предварительную подготовку. Что делает Авраам? Он адаптировал свою систему в соответствии с тогдашним развитием человечества.

Тора описывает, как он отправил посланников в Кедем (на Дальний Восток), где позднее возникли восточные учения.

---

[14] Мидраш Раба, Берешит, 42:8,

[15] РАБАШ. Барух Ашлаг (1907-1991) – известный каббалист, старший сын Бааль Сулама. Шлавей Сулам. Кто укрепил сердце свое.

[16] Бааль Турим. Яков бен Ашер (1269-1343) – галахический авторитет. Комментарии к Торе, Шмот, 18:19.

А сыновьям наложниц, которые у Авраама, дал Авраам подарки и еще при жизни своей отослал их от Ицхака, сына своего, на восток, в землю Кедем.[17]

Представители различных ветвей династии Авраама стали позднее основателями различных религий и методик.

Каббала является единственной наукой о развитии творения. Она – источник всех остальных наук и учений.
Из книги РАМБАНА[18] «Даат Ашем тмима».

Подытожить события, произошедшие в Вавилонии, можно так: человечество, по сути, пережило первый всеобщий кризис; преодолен он был просто – люди разбрелись по всей Земле. Нам этот способ не подходит, поскольку сегодня Земля заселена, и идти больше некуда.

Авраам прекрасно знал, что ожидает человечество в будущем, и потому принял меры. Он передал нашему поколению методику преодоления глобального кризиса, победил время.

Тогда впервые между группой, родоначальником которой был Авраам (ав а-ам), буквально – «отец народа», и его бывшими соотечественниками,

---

[17] Тора, Берешит, Хаей Сара, 25:6.
[18] РАМБАН – Моше бен Нахман (1194-1270) – каббалист, врач, поэт, философ.

рассеянными по Земле, возникла особая ненависть, перешедшая к их потомкам и впоследствии получившая название – антисемитизм.

Антисемитизм иррационален и не подвержен доводам разума.[19]

---

[19] Оруэлл Джордж (1903-1950) – английский писатель и публицист. Цитата из эссе «Антисемитизм в Британии».

Глава 2
СТАНОВЛЕНИЕ НАРОДА

Прогрессивная методика

Еще раз повторюсь – эта книга к историографии отношения не имеет. Нас интересуют не даты, а корни и тенденции событий.

Итак, начало процессу или, если хотите, явлению под названием «антисемитизм» было положено. Учеников Авраама еще не называли евреями, но уже тогда Авраам знал, что из своих последователей он должен основать народ.

Стоит проанализировать это нестандартное и, одновременно, судьбоносное решение. Ведь не будь еврейского народа, не было бы и еврейской проблемы.

Напомним, что прогресс – это, по сути, запрограммированный природой процесс развития человеческих потребностей. Именно это явление и вызвало развал вавилонской цивилизации, как, в общем-то, и всех цивилизаций последующих.

Авраам обладал методикой, которая позволяла этот процесс контролировать и регулировать.

Возникает естественный вопрос: «Что делать с этой прогрессивной методикой, если ее не признают и в ней пока не нуждаются? Как передать ее будущим поколениям?» Ведь придет время, когда вся Земля будет заселена и бежать будет некуда. Региональный вавилонский кризис рано или поздно перерастет в кризис мировой, поскольку суть конфликта – рост гордыни или, иными словами, рост эго – не исправили. Что же делать? И Авраам решает создать особый народ, носитель его методики.

Народ из добровольцев

И все-таки что-то не сходится. Хотелось бы поподробнее разобраться во всем, что сделал Авраам. Посудите сами. На протяжении истории рождались и исчезали сотни, если не тысячи народов. Никому не кажется это странным и воспринимается с пониманием. Ничего не попишешь – существует естественный эволюционный процесс. Народы – как человек – рождаются и умирают. Тогда почему то же не произошло с еврейским народом, тем более что предпосылок для его исчезновения хватило бы на дюжину других?

Начнем издалека. Откуда вообще появляются народы? Как происходит их становление?

В очень упрощенном (утрированном) виде это выглядит примерно так.

Известно, что человек существо социальное и потому в одиночестве существовать не может. Первое естественное окружение человека – его семья. Несколько семей – это уже племя.

Некоторые племена строят лодки, ловят рыбу и становятся в этом деле профессионалами. Другие специализируются на стрельбе из лука или метанию бумерангов и становятся охотниками. Третьи не могут ни того и ни другого, но зато они научились лепить горшки, в которых можно сварить уху или жаркое. Начинается взаимовыгодный бартерный обмен продуктов, а также невест и женихов.

В итоге, сформировались народы, а чуть позже и страны. Все это естественно и понятно. Общие пляски и песни вокруг костра постепенно превращаются в народный фольклор, а природные условия создают определенный генотип. Мы не будем говорить о смешении народов в результате войн. Этот процесс на самом деле тоже находится в рамках естественных эволюционных изменений. Как бы там ни было, но внутри любого народа существуют общий менталитет, судьба и инстинктивная любовь.

Авраам основал народ не на кровной связи, а, как было уже сказано, на связи идеологической. Большей частью те, которых он вывел из Вавилонии, и те, которых он собрал по дороге, – его родственниками не были. Они пошли с Авраамом, потому что их привлекли его идеи и собственный внутренний позыв. А теперь зададим ряд непростых вопросов, и пусть на них каждый ответит сам.

Насколько реально собрать людей, между собой не связанных кровно, в единый народ на основе добровольно принятой идеологии? А если такой народ изгнать со своей территории? А если раздробить его на части? А если этот народ насильно и/или культурно ассимилировать? А если малолетних детей вырывать из семей и забривать в солдаты? А если устраивать погромы, сжигать на кострах или планомерно уничтожать в концлагерях?

Любой здравомыслящий человек согласится, что этот народ должен был исчезнуть и исчезнуть тысячу раз. Так почему же он не исчез? Может, у кого-то найдется рациональное объяснение? У писателя А.И. Куприна такого объяснения не нашлось.

Антисемитизм – тень народа

Так почему не исчез народ, созданный Авраамом? Ответ парадоксален. Потому что существует явление, которое называется антисемитизм. Антисемитизм существовал всегда. С той самой минуты, когда Авраам из идолопоклонника превратился в человека, ощутившего Высший, сознательный уровень Природы – появилась отрицательная сила – антисемитизм.

> *Антисемитизм – тень еврейского народа...*
> *Я физик и знаю, что каждая вещь*
> *отбрасывает тень. Тень, отбрасываемая*
> *моим народом, – антисемитизм.*[21]

В природе, на всех ее уровнях, существуют всегда парные, взаимно противоположные силы и явления. Мы вообще способны воспринимать что-либо только на контрастах. День не может быть без ночи, мокрое без сухого, плюс без минуса, эгоизм без альтруизма.

Авраам стал носителем силы, которую можно назвать альтруизмом, а можно – природной гармонией. У этой силы есть одна особенность, которая кроется в самом названии. Она, если можно так сказать, вынуждает, чтобы ею поделились. Человек не может быть просто носителем этой силы. Эту силу невозможно держать в себе, ее надо передать дальше. Так это устроено Природой. Поэтому Авраам носился по Уру Халдейскому и умолял горожан прислушаться к его

---

[21] Из беседы А. Эйнштейна с С.М. Михоэлсом, 1943 г.

словам. Поэтому он создал группу единомышленников и скитался по городам и весям.

Поскольку это сила Природы, она ни при каких обстоятельствах исчезнуть не может, точно так же, как сила гравитации. Это закон.

Эта сила не дает покоя своему хозяину, загоняет в депрессию и вынуждает к действию. Его мучают вопросы: «Кто я? Зачем я? Почему?»

Бедняга-носитель чаще всего даже не знает, чего от него хотят. Он даже не подозревает, что должен вначале сделать все возможное, чтобы эта сила раскрылась в нем самом, а затем обязан передать ее дальше.

А если носитель не обращает внимания на этот внутренний позыв? Если он пытается избавиться от этого, как от непрошенных гостей. Если он занят строительством пирамид или счастливого будущего? Если он бегает голышом с греками по олимпийскому стадиону или стремиться получить Нобелевскую премию или Оскара в Голливуде?

Тогда включается другая природная сила – антисемитизм, и он начинает слышать внутренний позыв или нет, – как повезет...

Так было на протяжении всей истории, и так это будет продолжаться. Это закон, а с законом спорить бесполезно. Это не измышления автора книги, об этом говорили и говорят каббалисты на протяжении двух тысяч лет. Можете не верить им, можете не верить никому, но закон есть закон. Бааль Сулам[22] говорит:

---

[22] Бааль Сулам – Йегуда Ашлаг (1884-1954) – величайший каббалист XX века. Автор комментариев к книге Зоар.

Наука каббала дана нам для достижения цели. А если мы сомневаемся в достоверности каббалы и говорим, что все, происходящее с нами, – это случай и слепая судьба, то посылаются нам неисчислимые бедствия. Они покажут нам, что это не случай, а неотвратимое Высшее управление...[23]

Признаю, что эти объяснения выглядят не совсем рациональными. С другой стороны, все, что касается еврейского народа, в принципе со словом «рациональность» не уживается.

Однако давайте не будем останавливаться и проследим за дальнейшей судьбой группы Авраама.

---

[23] Бааль Сулам. Изгнание и освобождение.

Египетский парадокс

Группа Авраама начала свой путь в будущее и в итоге оказалась в Египетском рабстве.

В Египте впервые проявился парадокс, который в дальнейшем станет правилом. С одной стороны, польза от еврейского присутствия в приютившем их государстве несомненна.

> *Все народы в мире, и все правители в мире, усиливались во власти своей только лишь за счет Исраэля. Египтяне не властвовали над всем миром, пока не пришли Исраэль...*[24]

Они заслуженно получают высокие должности, им оказывают всяческие знаки внимания и уважения. Но рано или поздно эта идиллия заканчивается, и события начинают раскручиваться в обратную сторону.

Сначала пропадают почет и уважение, потом должности, а потом евреи отправляются в изгнание. Так происходило и происходит вне зависимости от времени пребывания в приютившей их стране. Это может быть год, может быть и тысяча лет. Приходит время, появляется очередная псевдопричина, и процесс пошел.

На самом деле начало этому процессу было положено еще во времена Авраама. Первое изгнание произошло уже в Вавилонии, но тогда этому никто не придал значения, поскольку речь шла лишь о небольшой группе вавилонян-изгоев.

---

[24] Зоар, Шмот, И встал новый царь, 75.

Не секрет, что изгнание евреев пользу стране не приносит. Правители об этом были прекрасно осведомлены, но ничего с этим поделать не могли, приводя тем самым в изумление коронованных коллег других стран.

Небольшой показательный пример. После изгнания евреев из Испании, турецкий султан Баязет II (1481-1512), благожелательно принимавший беженцев, высказался так[25]:

Вы считаете Фернандо умным королем;
однако он разорил собственную
страну и обогатил нашу.

Польза от еврейского присутствия в Египте широко известна.

Сначала Йосеф – правнук Авраама, спас Египет от неминуемого голода, а потом весь еврейский народ принял активное участие в подъеме египетского хозяйства. В результате этой деятельности в отдаленной провинции были выстроены два больших города с полной инфраструктурой – Рамсес и Питом. Успех и процветание евреев вызвали зависть со стороны коренного населения, и в результате дворцовых интриг чужеземцы стали рабами. Но морального удовлетворения от этого рабовладельцы почему-то не получили. Спустя 11 веков, римский оратор Цицерон[26] вто-

25 Грец, IX, 285. 3-е изд. 1907 г.

26 Цицерон Марк Туллий (106 до н. э. – 43 до н. э.) – древнеримский политик и философ, оратор.

рит древним египтянам:

Евреи, хотя они и наши рабы,
властвуют над нами.

Впоследствие народ ушел, а Египет постепенно начал деградировать. Та же участь постигла потом еще много стран...

По правде говоря, страны, изгонявшие евреев, не виноваты в своих деяниях – точно так же, как не виновато цунами, унесшее сотни тысяч жизней в 2004 году.

Отрывок[27] из письма итальянского еврея, очевидца изгнания евреев из Испании в 1492 году.

...Королева Изабелла дала представителям
иудеев ответ, похожий на высказывание
царя Соломона (Мишлей 21:1): «Сердце
короля в руках Творца, как потоки воды.
Бог повернет его, куда Он желает». И
добавила от себя: «Неужели вы верите,
что это приходит к вам от нас? Это Творец
поместил ваше изгнание в сердце короля».

Еврейский народ, как мы помним, был создан с определенной целью, но свои функции он или не выполнял, или забывал, что сути дела не меняет. А ведь природная эволюция продолжается, что бы мы себе не

---

[27] Jacob Marcus, The Jew in the Medieval World: A Sourcebook, 315-1791, (New York: JPS, 1938), 51-55.

планировали. Евреи не могут делать то, что они хотят, подобно другим народам. Они носители методики отца-основателя Авраама со всем отсюда вытекающим.

Может быть, все это сказки и выдумки, евреи обычный народ, которому просто немного не везет? Хорошо, давайте вернемся в Египет и рассмотрим тогдашнюю ситуацию вблизи.

Никто не хотел уезжать

Вначале немного информации о геополитической и внутренней ситуации в регионе.

Египет находится на севере Африки или, если хотите, на Ближнем Востоке. По сегодняшний день страна знаменита своими пирамидами и рекой Нил. На протяжении длительного периода она занимала ключевые позиции в древнем мире.

Народ Израиля находился в Египте в рабстве 210 лет.[28] Факт успешного выхода из Египта ежегодно празднуется потомками бывших рабов в месяце Нисан. Это событие очень подробно описано в документе, который называется «Пасхальная Агада».

Фараон – так назывался царь Египта, он же главный отрицательный персонаж «Пасхальной Агады». Сегодня это слово прочно ассоциируется с карточной игрой и презрительной кличкой полицейского.

Моше – воспитанник дочери Фараона, вождь и духовный предводитель еврейского народа. Он сумел вывести евреев из египетского рабства. Во время странствований неоднократно упрекался собственным народом за отрыв от котлов с мясной похлебкой.

Основные события развернулись в Египте тогда, когда Моше узнал об истинной причине свалившихся на его народ бед. В программе, которую раскрыл Авраам, значился новый этап: евреи должны покинуть

---

[28] РАШИ – Шломо бен Ицхак (1040-1105) – комментатор Талмуда и Библии; духовный вождь общин Северной Франции. Швилей а-Танах. Берешит, гл. 42, п.2.

Египет и объединиться на основе принципа: «Возлюби ближнего как самого себя»[29]. Природой этот процесс запрограммирован, точно так же, как название страны, в которой жил Моше, и имя, которое он получил.

Египет – на ивр. Мицраим (от слов «миц-ра» – «концентрация зла»).[30]

Моше (от ивр. глагола «лимшот» – выуживать, вытягивать).[31]

Известно, что никаких оснований и реальных, в обычном понимании, возможностей, чтобы вывести людей из Египта, у Моше не было. И хотя это его беспокоило, он отправился к Фараону и начал переговоры. Фараон не принял всерьез претензий Моше, но дальнейшие события вынудили его изменить свое отношение. Непрерывная череда природных катаклизмов, свалившихся на страну, повлияла не только на Фараона, но и на еврейский народ, который чувствовал себя до этого в Египте вполне комфортно, несмотря на все гонения.

В этом отношении ничего не изменится и в будущем. Всем известна, так называемая, жестоковыйность евреев. Похожая история повторилась во времена нацистского режима. Многие евреи не хотели уезжать тогда из Германии.

---

[29] Тора, Ваикра, 19:18.

[30] Каббалисты уполномочены сообщить, 2011. С.41.

[31] Там же. С.42.

Еще в начале 1934 года, когда намерения нацистов были уже ясны и понятны, Отто Хирш, представитель организации «Имперское представительство немецких евреев» («Reichsvertretung der deutschen Juden»), выступал против «поспешной эмиграции», ибо верил, что в «новой Германии» евреи смогут найти себе достойное существование[32]...

---

[32] Вершинин Лев. Нацисты и сионисты. Несостоявшийся роман. Публикация на сайте: mishmar.info.

600 000

Пришло время завершить формирование народа. Авраам в свое время создал группу. У Моше была другая задача – он хотел с помощью методики Авраама сделать из этой разрозненной группы народ. Пока этих людей объединяло только недовольство своим предводителем, освободившим их от рабства, и ностальгия по калорийному египетскому питанию. Несмотря на все трудности, Моше сумел справиться с поставленной задачей.

Историческое описание тех дней выглядит очень драматично: 600 000 мужчин, двадцати лет от роду и старше, окружили сплошным кольцом одну из гор в Синайской пустыне. Затем каждый в отдельности громогласно объявил о своем согласии исполнить некую работу, произнеся хорошо известное сегодня изречение: «Сделаем и услышим». И тогда произошло нечто, известное под названием «Дарование Торы». Случилось это через семь недель, а точнее, на пятидесятый день после выхода народа Израиля из Египта. С тех пор это событие ежегодно отмечается в праздник Шавуот.

Тогда на Синае впервые была преодолена нелюбовь, а точнее, естественная ненависть, разделяющая людей. Неслучайно, кстати говоря, и название – Синай. В переводе с иврита слово синá – ненависть.

Хотя Моше был подготовлен к своей роли, дело Авраама продолжить было не просто. В Вавилонии идеи, которые тогда распространял Авраам, привлекли к нему учеников, и из них собралась группа сторонников. Теперь дело обстояло с точностью до наоборот – у людей, собранных, как мы говорим, по идеологическому принципу, появились дети, которых мало трогали проблемы отцов.

Нужно было объединить людей, совершенно к этому не готовых. Некоторым из них прогрессивные речи Моше были близки, а некоторым нет. Авраам вышел из Вавилонии с группой в несколько тысяч человек, Моше из Египта – с 3 миллионами.

Итак, стоит дилемма: с одной стороны, есть люди, которые готовы к своему предназначению; с другой стороны, есть другие, которые об этом ничего не знают и знать не хотят. Как из антагонистов создать единое целое?

Моше творит чудо – иначе это не назовешь. Он совершенствует методику Авраама, добавив к ней религиозную составляющую. Как человек, ощущающий внутренние, природные связи, он понял, что религиозная упаковка – это самая надежная упаковка. В ней методика Авраама будет доставлена по назначению.

> *Великие каббалисты, которые ввели в обиход традиции, сделали так, чтобы духовный свет проявлялся через них.[33]*

Он написал свод указаний или, иначе говоря, инструкцию, которую так и назвал Тора (ораа – инструкция). В этом же слове зашифрована и главная,

---

[33] Бааль Сулам. Услышанное.

внутренняя ее составляющая. Тора – от слова «ор» (свет). Этот документ он и передал народу.

Кроме всего прочего, именно Тора – основа «Ветхого Завета» в Библии – ускорила прогресс человеческой цивилизации.

Евреи – первый народ, который гигантским усилием мысли и воображения перешел от языческого многобожия к идее единого Бога, – от политеизма к монотеизму...

Принятие единобожия – факт огромного культурно-исторического значения. Единобожие организовало раздробленный разум, рассеянную волю человека, воспламенило его критическую мысль и направило ее в одну сторону – к исследованию начала всех начал.[34]

---

[34] Горький М. Предисловие к книге «Легенда об Агасфере – вечном жиде».

Каббалистический код

Тора состоит из двух частей. Внешняя часть – это известные всем религиозные предписания, и внутренняя часть – каббала. Речь идет о скрытой от непосвященного читателя программе управления мирозданием. Вообще, все книги ТАНАХа: Тора (Пятикнижие), Невиим (Пророки), Ктувим (Писания) – это каббала, скрывающаяся за историческими повествованиями. Кроме этого, существуют книги, написанные каббалистическим языком. В них используется особая, ни на что не похожая терминология. Например, на этом языке Авраам написал свою книгу «Сефер Ецира» (Книга Создания).

Четыре языка, используемые в науке
каббала[35], это:
1. язык Библии.
2. язык Предписаний,
который очень близок языку ТАНАХа.
3. язык Сказаний.
4. язык Каббалы.

О том, что ТАНАХ несет в себе каббалистический посыл, было достаточно хорошо известно в средние века не только каббалистам.

Дословный смысл ТАНАХа подчиняется
условиям времени и пространства.

---

[35] Бааль Сулам. Суть науки каббала.

*Аллегорический и каббалистический
смысл остается на века, без временных
и пространственных ограничений.*[36]

Носителями внутренней, скрытой информации являются не только особые, так называемые «святые книги». Праздники еврейского народа тоже содержат закодированные сведения. Скажем, праздник «Лаг ба Омер».

Этот праздник сопровождается обычаем зачитывать публично закодированную, предназначенную для будущих поколений, информацию. Что интересно, эту процедуру проводят в синагогах ежегодно на протяжении почти двух месяцев подряд.

Как правило, ни чтец, ни присутствующая публика, представления не имеют, о чем идет речь. Что касается сути праздника, то она зашифрована в самом названии. В переводе с иврита это означает: «тридцать три дня отсчета». Речь идет о порядке прохождения человеком внутренних, духовных состояний.

За каббалой тянется шлейф домыслов и мифов. Например, некоторые ученые утверждают, что каббала – это некое мистическое ответвление иудаизма, и вообще она появилась гораздо позже Торы.

Это, несмотря на то, что многочисленные факты говорят об обратном. Для примера можно взять обычный молитвенник. Эта книга наполнена каббалистическими

---

[36] Паулюс Рициус (1470-1541) – доктор медицины и профессор философии. Цитата из Paulus Ricius. Introductoria theoremata cabalae. De coelesti agricultura // Johannes Pistorius. Ars Cabalistica. P. 116.

терминами, смысл которых, как правило, совершенно неизвестен молящимся.

Еще один показательный факт. Каждую субботу семьи, соблюдающие традиции, после третьей трапезы поют хором песню, которая почти полностью состоит из каббалистических «мистических» слов: Зеир Анпин, Атик и др.

Такого рода «странности» ученые предпочитают не замечать, а возможно, даже не знают об их существовании.

Мы не будем сейчас подробно объяснять, почему и как произошла эта замена, однако внести некоторую ясность все же смысл имеет.

«Специалисты» не признают, что каббалистическая книга «Сефер Ецира» была написана Авраамом и появилась раньше понятия «иудаизм». Допустим, они правы. Но ведь существует еще один письменный источник. Это тоже книга. Она называется – «Разиэль а-Малах» (Тайный Ангел).

Ее можно хоть сегодня свободно приобрести в магазине, скажем, в израильском городе Бней-Брак. Открыв эту книгу, даже не очень искушенный человек поймет, что это каббала. На это однозначно указывает специфическая терминология и масса характерных чертежей. Если вдруг тот же человек захочет узнать, кто автор этой книги, его ждет сюрприз. Автор этой книги – ни кто иной, как Адам. Да, тот самый Адам, так называемый, «первый человек», который жил за двадцать поколений до Авраама. Таким образом, каббала хронологически удалилась от религии еще дальше.

Вопрос на другую тему. Выходит, Адам, а не Авраам был первым каббалистом? Мы вынуждены признать, что это действительно так. А как же Авраам, в чем он был первым? Как мы уже писали – он был первым, кто сумел каббалистические открытия оформить в четкую, годную для передачи будущим поколениям методику…

Немного малоизвестной информации об Адаме.

Имя Адам расшифровывается[37] – «Эдомэ ле Эльён» (быть подобным Высшему). И еще один примечательный факт. Кто знает, откуда ведет начало еврейское летоисчисление? Что произошло в тот первый день, в день начала отсчета? Видимо, произошло какое-то особое событие? Совершенно верно. В этот день, 5773 лет тому назад (относительно текущего, 2013 года) или, иначе говоря, 1-го тишрея[38] 3760 года до нашей эры, человек по имени Адам ощутил Высшую управляющую силу. Именно с этого дня началось летоисчисление. Этот день каббалисты сделали ежегодным праздником. Он называется: «Рош а-Шана»[39] (Новый год). Вот так.

---

37 АШЛА а-Кадош – Горовиц Иешуа бен Авраам (1558-1628) – каббалист, духовный вождь ашкеназской общины. Происхождение Адама. Предисловие, 3.

38 Тишрей – месяц начала года в еврейском календаре (приходится на сентябрь-октябрь).

39 Рош а-Шана – дословно с иврита – «Голова года».

Кто придумал любовь

События, произошедшие на Синае, привели к становлению еврейского народа и повлияли на ход всей человеческой истории. Они заслуживают того, чтобы поговорить о них более подробно.

Напомним, что конечной целью Моше было создание народа, а точнее, новой человеческой общности на основе принципа: «Возлюби ближнего как самого себя». Вопрос, откуда взялся этот принцип, остается открытым.

Прежде всего понятно, что он совершенно недостижим, а кроме того, лишен всякого смысла. Кредо рационального человека звучит как-нибудь так: «Я хочу, чтобы у меня все было и мне за это ничего не было». Как мы понимаем, любовь к ближнему в данном случае не подразумевается.

Возвращаемся к вопросу, откуда Моше или Авраам взяли свои, оторванные от реальности, идеи. И почему эти идеи, несмотря ни на что, проникли в том или ином виде в человеческую цивилизацию? Просто невероятно!

Давайте разбираться.

В чем суть принципа «возлюби ближнего»? В конечном счете, речь идет об объединении. Согласимся, что это не просто, возможно, даже невыполнимо. Вместе с этим, речь идет о крепчайшей, идеальной связи между людьми.

Действительно, все знают, что любовь – это самое совершенное средство объединения людей.

Например, любовь матери к своему дитя. Нет силы в мире, способной эту связь нарушить. Будь ее сын самым большим преступником в мире – мать связана с ним крепко-накрепко. С этим фактом не поспоришь, это вещь известная. Вопрос другой: «а зачем мне с кем-то объединяться, да еще так крепко?» Мы видим, что людей притягивали и притягивают несколько иные ценности.

Если окинуть глобальным взглядом интересы людей, мы увидим, что они развивали обмен и торговлю, культуру и искусство, государственные, финансовые и социальные институты и системы. На индивидуальном уровне людей интересуют хорошие отношения в семье и на работе, финансовое благополучие и здоровье. Последние сто лет людей интересует футбол, кино, а сегодня еще и Фэйсбук. Кроме этого или на фоне этого люди беспрерывно воюют, распространяют наркотики, ну и так далее, в том же духе. Нигде и никогда люди не ставили во главу угла – объединение. Объединиться, чтобы победить, противостоять, навязать, гульнуть или заработать – это дело другое.

Давайте остановимся на минуту, внимательно посмотрим на вышеприведенный список человеческих интересов и зададим встречный вопрос: «А какое из вышеперечисленных занятий к объединению не ведет?»

Теперь с этим контрвопросом вернемся к нашему списку.

Итак, культура и искусство. Разве они не объединяют? Вспомним такие выражения: «культурные связи», «взаимопроникновение культур», «искусство общения», «искусство как средство коммуникации». Пойдем дальше.

Государственные, финансовые, и социальные институты и системы. С этим вообще все просто. Эти структуры регулируют связи входящих в них элементов, чтобы государства, концерны, фонды и финансовые пирамиды жили и процветали. Радует это или не радует рядового гражданина-клиента, это другой вопрос, однако страны, государственные и мировые структуры это объединяет. Что у нас там дальше? Семья, работа, здоровье. Семья – это ячейка общества. Работа – это производственный коллектив. Здоровье – это дополнительная возможность или повод получить помощь или, иначе говоря, пообщаться с медицинским справочниками, интернетом, поликлиниками или знахарями. Что у нас осталось? Наркотики – это наркокартели. Войны – это присоединение новых экзотических колоний, строительство империй и распространение английского языка, как международного средства общения. Кино и футбол – тут вообще не о чем говорить.

Пришло время делать выводы. Это поразительно. Вся деятельность человека – в прошлом, настоящем и в будущем не только не мешает объединению, а наоборот, объединению способствует. Мы всю свою историю, воюя и делая революции, обманывая и убивая, зарабатывая деньги и издавая романы, – не догадываясь и того не желая, не отдавая себе в этом отчета, – объединяемся, объединяемся и исключительно объединяемся.

Зачем далеко ходить. Что такое смена общественных формаций, как не поиск совершенного рецепта человеческого объединения. К слову сказать, понятие «фашизм» произошло от итальянского слова «fascio» – «пучок, связка, объединение».

То есть всю свою историю мы только и делали, что искали пути к объединению. Сами того не понимая и сами того не желая, мы оказались в ситуации ребенка, разбившего вазу. У проказника слезы ручьем, а в оправдание он хнычет: «Я нечаянно, я не хотел, я больше не буду». Но мы ведь понимаем, что он все равно будет, да еще как будет.

Сегодня, оказавшись в замкнутом глобально-интегральном мире, мы еще не поняли, что все кончилось – мы уже объединены, а точнее соединены. Проблема лишь в одном – это произошло помимо нашей воли. Отсюда неутешительный вывод: мы не объединились – нас соединили. Согласитесь, что это совсем не одно и то же.

Палкой к счастью

Возможно, теперь у нас появился зачаток понимания методики Авраама: как научиться самим, по доброй воле, без страданий и других лишних осложнений объединяться между собой. Что может быть более важным и актуальным?

Если бы случилось чудо, и вавилоняне тогда приняли идеи Авраама, мы наверняка жили бы в совершенно другом мире. Не было бы Чингисхана и Гитлера, средневековых костров и коллективизации, финансовых пирамид и депрессий. А что было бы? Трудно сказать. Пророки дают определение такому идеальному состоянию человечества – «как один человек с одним сердцем»[40]. Что за этим скрывается, нам понять трудно, хотя однажды нечто подобное все-таки случилось с еврейским народом в пустыне Синай.

Мы уже приводили краткое описание произошедших там судьбоносных событий, однако, как все-таки это произошло – непонятно. Как сумели, практически идолопоклонники – а евреи в Египте и у самой горы Синай приносили жертвы идолам – сделать то, о чем мы сегодня даже не помышляем?

Но много дней пробыли сыновья Исраэля в Египте, и стали вновь брать пример с египтян и, подобно им, служить идолам...[41]

---

40 РАШИ. Швилей Танах, Шмот, 19:2.
41 РАМБАМ. Мишне Тора, Законы об идолопоклонстве, 1:3.

Это верно, что они не были святыми, но, с другой стороны, они были потомками той первой группы, которую собрал Авраам. Внутренний потенциал, который был в группе Авраама, частично перешел к некоторым из них. Можно назвать это особым геном, можно – предрасположенностью. Это подобно приобретенным с рождения способностям к музыке или рисованию. Если такие способности есть – уже хорошо, но этого мало. Нужны еще много дополнительных усилий.

А что делать с теми, у которых такого потенциала нет вовсе? И вообще, в чем суть методики Авраама? Как это работает?

Давайте по порядку.

Краеугольный камень методики состоит вот в чем. Человек должен понять, а скорее, очень захотеть объединиться с другими. Кстати, это вполне логично. Мы прекрасно знаем, что если у человека нет желания к чему-либо, он на это даже не взглянет. Вопрос, откуда у него появится такое странное желание – объединиться.

Существует несколько вариантов появления такого таланта.

Первый вариант – генетическая предрасположенность. Всем нам знакомы люди, которые не представляют себя без постоянного общения. Они любят ходить в гости, звонить по телефону и посылать емейлы.

Второй вариант – воспитание. Допустим, мама, папа, воспитатели и дети в детском саду с утра до вечера рекламируют радости объединения и дружбы. Если взяться за дело как следует – результат гарантирован.

И наконец, последний вариант – от безвыходности. Большая часть человечества приближается семимильными шагами к этому варианту. Мировой кризис и другие напасти толкают нас к нему. Его суть очень емко выражает максима: «Палкой к счастью».

Люди, собравшиеся в пустыне, относились ко всем перечисленным категориям. Были такие, которым это было близко и естественно. Были такие, которые прошли курс воспитания. Были и такие, которых, что называется, жизнь вынудила.

Мы об этом не упоминали, но после Авраама еврейский народ прошел непростой путь становления под управлением его сына Ицхака, а потом его внука Яакова. Все это время действовала система воспитания, которую учредил Авраам.

И посеял он в их сердцах эту великую истину, и написал о ней книги. И научил ей Ицхака, сына своего, и Ицхак стал обучать и возвращать людей к ней. А Ицхак сообщил ее Яакову и поручил ему обучать других...[42]

---

[42] РАМБАМ. Мишне Тора, Законы об идолопоклонстве, 1:3.

Один человек с одним сердцем

Допустим, что желание к объединению есть. Возможно, досталось по наследству, а может, попался хороший детский садик. Такие вещи случаются. Не очень часто, но случаются. Что теперь?

С этого момента начинаются парадоксы. Методика Авраама начинает работать и постепенно человек приходит к осознанию.... тщетности попыток объединиться. На первый взгляд этот результат противоположен запланированному изначально. Тогда зачем же этот весь сыр-бор?

Ответ – чтобы привести к пониманию жизненной необходимости объединения. Тогда наше стремление объединиться станет настоящим.

Для наглядности представим себе такую картину. Я нахожусь в пустыне. Жара как в сауне. Еды уже нет, а вода на исходе. Солнце слепит глаза, а в небе кружат стервятники. Меня окружает огромная масса людей, но они ненавидят меня, а я ненавижу их. Помощи от них ждать не приходится. Уйти я не могу, да и некуда...

Мы можем рисовать живописные картины долго, но это бесполезно, это надо ощутить. Как бы там ни было, понятно лишь одно: объединение с ними – это единственное, что может меня спасти. Иначе смерть в пустыне.

Теперь переходим к центральному пункту методики Авраама-Моше. Чтобы вырваться из состояния ненависти и прийти к состоянию «как один человек с одним сердцем», существует лишь одно средство – Поручительство (Арвут). Я должен поручиться за каждого, кого я сейчас ненавижу, поручиться с полной ответственностью, окончательно и бесповоротно. С этого момента все их потребности к воде, пище, и т.д. становятся мне важнее, чем собственные.

Условие абсолютно невыполнимое для человека. Хотя, если находиться в пустыне на краю гибели...

Все это произошло с еврейским народом после выхода из Египта. Каждый из них поручился за каждого. Это сделали 600 000 человек одновременно. Известно также, что в знак принятия поручительства они произнесли фразу: «Сделаем и услышим».

Что произошло дальше? У них вдруг появилось ощущение внутренней неразрывной связи между ними всеми. Откуда взялось это ощущение? А откуда берется сила в нашем органическом теле, дающая ему жизнь? Каким образом эта сила делает неживое – живым? Этого не знает никто. Даже нобелевские лауреаты по физике и биологии. Мы лишь знаем, что это возможно, но лишь при гармоничной связи между органами.

В пустыне, благодаря методике Авраама-Моше с людьми произошло именно такое объединение. С этого момента они поняли, что значит: «Возлюби ближнего как самого себя». Все. От мала до велика...

Что было потом? Потом появились новые, неведомые доселе потребности, и достигнутое народом состояние исчезло. Народ вновь сумел принять поручительство, потом вновь стал как все народы. Так продолжалось до первого Храма. А потом отношения испортились окончательно и, как следствие, Храм был разрушен...

Глава 3
ИДЕОЛОГИЧЕСКАЯ ОСНОВА НАРОДА

Квантовый переход

Новейшие реформаторы, которые на бумаге измышляют образцовые социальные системы, хорошо бы сделали, если бы бросили взгляд на социально-общественную систему, по которой жили первые евреи.[43]

К произошедшему на Синае можно относиться по-разному. Например, как к легенде. Или наоборот, как явлению Бога человеку. Можно вообще пройти мимо, как будто это меня не касается. Попробуем отнестись к этой ситуации непредвзято и посмотрим на реальные результаты этих, возможно произошедших, событий. А посмотреть есть на что.

Говоря языком физики, произошел квантовый переход с одного уровня на другой. Человеческая цивилизация получила некое, не обусловленное предыдущим развитием, направление, и до сих пор этой линии держится. Естественное эгоистическое развитие человечества поменяло направление на «упавшее с неба» развитие альтруистическое.

Лишний раз повторимся, что история, как таковая,

---

43 Форд Генри (1863-1947) – американский автопромышленник. Издавал и распространял «Протоколы сионских мудрецов». Оказывал серьезную финансовую помощь нацистам. 16 января 1921 года группой из 119 видных американцев, включая 3 президентов, 9 госсекретарей, 1 кардинала и множества других государственных и общественных деятелей США, было опубликовано открытое письмо с осуждением антисемитизма Форда.

нас не интересует, тем более ни для кого не секрет, что историю каждый интерпретирует по-своему в зависимости от конъюнктуры. Мы говорим лишь о тенденциях и результатах, видимых, что называется, невооруженным взглядом.

Как бы там ни было, но именно с территории Эрец-Исраэль (Земли Израиля) начали распространяться общемировые этические нормы. Оценку этим нормам мы давать не будем, пусть это делают другие. Однако факт остается фактом – они лежат в основе главных ценностей человечества. Законодательства, религии, идеологии, этики, эстетики, культуры... Все это базируется на том, что привнес еврейский народ.

Житейская логика и здравый смысл говорят, что этот народ и, конечно, любой его представитель должен пользоваться славой и уважением в глазах любого землянина. Преподнести такой подарок человечеству? Что может быть ценнее и важнее! Да этих евреев просто на руках надо носить! А что происходит в действительности?

А действительность говорит нам нечто другое.

*Евреи являются зачумленной, прокаженной
и опасной расой, которая заслуживает
искоренения со дня ее зарождения.*

Невероятно, но это сказал великий Джордано Бруно, один из отцов-основателей эпохи Возрождения.

В чем же тут дело, как могла произойти такая удивительная метаморфоза? Как можно ненавидеть народ, который принес в мир понятие «любви к ближнему»? Необъяснимое логическое противоречие.

Допустим, что эта болезненная реакция вызвана личной обидой, нанесенной евреями философу-бунтарю. Предположим, что все-таки в древности ситуация была иной, и евреи пользовались тем, что им полагается по праву – славой и уважением. Может быть, лишь потом, позже, они стали плохими и вот тогда их перестали любить и даже начали ненавидеть?

Оказывается, ничего подобного.

После выхода из Египта на скитальцев нападали и нападали часто. Еще до того, как они добрались до горы Синай, их атаковал кочевой народ – амалекитяне. Ну, и что это доказывает? Кто тогда, как, собственно говоря, это происходило всегда, не нападал? Только ленивый. Кочевникам представился удачный случай поживиться легкой добычей, вот и напали. Дело, как говорится, житейское.

Парадокс заключается в том, что их не интересовала собственность путешественников. Оказывается, они напали на евреев, потому что их ненавидели. Причина? Об этом мы и поговорим.

Кто не любит евреев

Евреев за малым исключением не любили и не любят. Их не любят те, кто их знает. Их не любят также те, кто их в глаза никогда не видел. Их не любили как отдельные люди, так и целые народы. Их не любили раньше и не любят теперь. Их вообще не любили на протяжении всех тысяч лет их существования.

Говорят, есть такие люди, которые евреев боготворят. Возможно, это и так. В любом случае, это исключение из правила, а исключение, как мы знаем, только подтверждает правило. Как бы там ни было, равнодушных к ним нет.

К этому можно добавить, что часто в числе первых гонителей евреев выступали люди, имеющие еврейские корни. Например, первый Великий инквизитор Испании, Томмазо Торквемада. Короче говоря, всем известно, что у человечества есть особое отношение к евреям и это отношение иррациональное.

Мы более всего на свете боимся
евреев и не пускаем их к себе.[44]

Чаще всего это выражается в оскорблениях, наветах, огульных обвинениях и т.д. В списках антисемитов числятся многие известные личности. Достаточно назвать такие имена: Демокрит, М.Лютер, Ж.Вольтер,

---

[44] Окума Сигенобу (1838-1922) – премьер-министр Японии, знаменитый педагог. Цитата из книги: Шмаков А. Международное тайное правительство, 1912 г.

Г.Гегель, Ф.Достоевский, Э.Золя, А.Чехов... и т.д.

Эти люди не любили евреев, а некоторые из них даже указывали причину этой нелюбви. Можно отметить, что причин много. Однако существует и другое явление. Есть антисемиты, которые не просто ненавидят, а выдвигают к евреям конкретные претензии.

На еврейском народе лежит обязанность
исполнить старые пророчества,
гласившие, что через него все народы
земли будут благословенны.[45]

Что скрывается за словом «благословенны», понять трудно. Возможно, это связано с чем-то духовным, или что-то вроде того.

Возникает, по нашему мнению, справедливый вопрос: «Почему с такими претензиями не обращаются к другим народам?» Если вы знаете подобные примеры, поправьте. Нам такие примеры не известны.

Сходство и настойчивость претензий удивляет и настораживает. Если начать выяснять, что же все-таки они хотят, то конкретного ответа вы не получите. Каждый из них чувствует, что евреи не правы, что это связано как-то с духовными ценностями, но о чем конкретно идет речь, они не знают. Самое забавное, что сами евреи знают об этом еще меньше.

«Что вы от нас хотите, – скажут они, – оставьте нас в покое, мы как все остальные».

Но никто с этим не соглашается: ни те, кто евреев

---

45 Форд Г. Международное еврейство.

не любит, и ни те, кто евреев любит. На самом деле в глубине души евреи сами чувствуют, что они чем-то обязаны всем остальным.

А теперь мы подошли к выводу. У евреев есть нечто, что нужно всем, и это нечто евреи не делают или не отдают, что, в общем-то, одно и то же.

Мы уже подробно рассказывали, какую, без преувеличения, методику-бомбу заложил Авраам в еврейский народ. Вопрос, как выходить из этой ситуации. Всем, евреям и не евреям. Давайте опять обратимся в прошлое, может быть, там мы найдем ответ.

Царь не нужен

Евреи дали нам в христианском откровении этическую систему, которая, даже если ее полностью отделить от сверхъестественного, является самым драгоценным из всего, чем владеет человечество. Она превосходит все другие плоды мудрости и знания вместе взятые. На этой системе и этой верой, со времени падения Римской империи, построена вся наша цивилизация.[46]

Итак, методика, отправленная в долгосрочное путешествие сквозь века Авраамом и Моше, начала жить в созданном ими народе. Законы, по которым этот народ жил, кажутся, мягко говоря, странными и сегодня. Можно только представить, как они выглядели тогда в глазах языческого окружения.

Народ поголовно грамотный. Грамоте начинают обучать детей с 3 лет. Ничего подобного не было и нет нигде по сегодняшний день. По сообщению члена Еврокомиссии по вопросам образования, культуры и молодежи, Андруллы Василиу, 75 млн. взрослого населения Евросоюза не владеют базовыми навыками в чтении и письме.

В дополнение к сказанному, евреи – это народ,

---

46 Черчилль Уинстон (1874-1965) – премьер-министр Великобритании. Из статьи «Сионизм против большевизма: Борьба за душу еврейского народа». Санди Геральд, 8 февраля 1920 г.

который не нуждается в царе. Первый царь, Шауль, появился приблизительно через несколько сот лет после смерти Моше. И то – это не от необходимости, а скорее от безвыходности.

Удивительный малоизвестный факт. Еврейский царь за различные провинности мог быть подвергнут телесному наказанию! Например, если позволял себе взять сверх разрешенных по закону[47], коней или денег.

Не будем забывать, что все это происходило на Востоке, где верховное правление всегда отличалось и отличается деспотичностью и жестокостью. В Израиле, как известно, картина была абсолютно другой. Особое отношение к слабым и немощным, женщинам и рабам, и т.д.

В те времена у развитых народов существовало два класса: господ и рабов. Евреи первыми сломали этот стереотип. Закон, установленный Моше, запрещал держать человека в рабстве более 6 лет. Немаловажная деталь. Под понятием «рабство» у древних евреев понималось нечто другое, чем сегодня. В Иерусалимском Талмуде, в трактате Кидушин, говорится, что покупающий себе раба подобен покупающему господина, и если есть у него только одна подушка, обязан отдать рабу, даже если сам будет спать на земле.

С другой стороны, в остальном древнем мире к человеку, к его жизни, относились без особых сантиментов. Особенно к детям и старикам. Например, римляне, как и греки до них, убивали неполноценных

---

47 РАМБАМ. Мишне Тора, Законы о царях, 3:3,4.

детей[48]. С их точки зрения, оставлять таких детей в живых было бессмысленно и неэстетично.

> *Они (евреи) считают нечестивым все, что для нас свято; и, наоборот, для них приемлемо все, к чему мы испытываем отвращение. Евреи считают преступлением убийство любого новорожденного ребенка.* [49]

---

[48] Сенека Луций Анней. О гневе, I, 15.

[49] Тацит Марк Клавдий (ок. 56 – ок. 117 н. э.) – древнеримский историк.

От каждого по способностям

Почему евреи так отличались от всех? В чем причина? Потому что в древнем Израиле работал закон: «Возлюби ближнего как самого себя», он и управлял обществом. Возникает естественный вопрос: «На чем этот закон держался?»

Мы знаем из практики последних поколений, что принцип социализма «от каждого по способностям, каждому по труду», который очень далек от любви к ближнему, продержался лишь 70 лет. Проблема с этим лозунгом возникла уже в самом начале. Несмотря на то, что выглядит он справедливым, претворить его в жизнь оказалось не так просто.

В этом, собственно, вся проблема. Устанавливали этот принцип социализма тотальным террором. Другого способа внедрить его в обиход найти не сумели. Когда давление террора немного снизилось, социальный проект сейчас же лопнул. Причина нам ясна – этот принцип не стыкуется с природой человека. А что тогда говорить о законе, принятом израильтянами? Тем более, принятом добровольно и к тому же единогласно? Вывод однозначен: этого не может быть, потому что этого не может быть никогда.

Можно спорить на эту тему и как угодно интерпретировать тогдашние события. Но ведь что-то там было! Другое дело, что особой важности этому событию мы не придаем и считаем все это само собой разумеющимся. А ведь это явление стоит за гранью любого рационального объяснения.

Может быть, люди тогда были другие, человечнее, что ли? Может быть, этот закон был принят «понарошку», просто как некая идеальная этическая норма?

Мы знаем, что все это не так[50].

О тогдашних нравах распространяться не будем. Вместе с этим, закон «о любви к ближнему» был не только ключевым в Израиле, но и перекочевал, в итоге, ко всем остальным народам в форме социальной морали. На этой морали и выросла впоследствии сегодняшняя цивилизация.

Все это говорит лишь об одном – если бы не существовало какого-то секретного патента, такое государство не только не могло бы существовать, но и не могло бы даже возникнуть. Вспомним также, что никаких естественных предпосылок к таким революционным переменам не было, а окружавшие народы не заходились от восторга при появлении иррациональных еврейских новшеств.

О секретном патенте мы уже говорили. Он принадлежит Аврааму. Государство, созданное Моше, – результат внедрения в жизнь этого патента. Можно сказать научным языком – теория подтвердилась на практике.

50 Миролюбов А. Быт еврейских царей. Предисловие, III-IV, 1898.

Диким ослом рождается человек

Но почему же вся эта идиллия все же закончилась, и мы имеем, то, что имеем? Существует два разных ответа.

Прежде всего, краеугольным камнем этой методики является воспитание. Многолетнее, с самого раннего возраста, кропотливое, каждодневное воспитание. Не так просто из звереныша сделать человека.

Диким ослом рождается человек.[51]

Такое воспитание требует мощных усилий всех государственных институтов. А если тебя окружают враги, не понимающие, кто ты, и зачем ты? Зато им колет глаза твое процветание и какие-то особые отношения среди проживающих в стране людей. Проще разрушить и взять, что нравится, силой, чем научиться всему этому.

Так они и делали. Нападали и отбирали. Это одна причина. А в чем же причина другая?

Можно сказать так – потому что не было еще Интернета. Дело в том, что самый эффективный способ распространения информации на Земле сегодня виртуальный – через Интернет. А тогда? Какой тогда был лучший способ распространения информации и идей? К сожалению, только через непосредственный контакт.

Как ни противоречиво и жестоко это звучит, но этические ценности, принятые еврейским народом, не могли оставаться бесконечно долго в одном

---

[51] Писания, Йов, 11:12.

ограниченном месте. Они должны были выйти наружу. Это диктуется сущностью, самой природой этих альтруистических ценностей. В этом заключена вторая и она же главная причина изгнания.

Еврей – это святое существо, которое добыло с неба вечный огонь и просветило им землю и живущих на ней. Он – родник и источник, из которого все остальные народы почерпнули свои религии и веры.[52]

Как распространялись идеи Авраама потом, после рассеяния народа? Да как угодно. Для того чтобы заразиться чужими идеями, совершено не обязательно родниться с их носителем. Достаточно об этих идеях услышать или просто их почувствовать.

В свое время «тлетворные» западные идеи передавались в СССР через туристов, радио, книги, музыку, кино, одежду и т.д. Как известно, все это закончилось... перестройкой.

Природа, управляющая эволюцией человечества, позаботилась о том, чтобы ее высшее достижение – человек – получил бразды управления в свои руки. Мы почему-то уверены, что это IQ, хотя, как показывает многотысячный человеческий опыт, ценны, прежде всего, не умственные возможности человека, а его нравственное развитие. К сожалению, мы еще в этом сомневаемся...

---

[52] Лев Толстой. Из статьи «Что такое еврей?» в варшавском еженедельнике «Театр велт» на идиш, 1908 г.

Противоестественные праздники

Говорят, что кроме всего прочего, странные иррациональные законы и обычаи выделяли древних евреев из окружавших их народов. Что так удивляло народы, а может быть, даже шокировало? И главное, откуда эти обычаи взялись?

Возьмем для примера конкретное праздничное мероприятие – Песах. В глазах народов тогда, как и сегодня, нет ничего более странного и одиозного. Ежегодно, в течение целой недели, празднуется успешный выход израильского народа из египетского рабства. Праздник начинается с трудоемкой и кропотливой подготовки. Это действие называется – пасхальный кашрут. «Кашер» (ивр) – пригодный, соответствующий.

Речь, в основном, идет об особых действиях, относящихся к домашнему быту. Сюда входят: жилище, одежда, посуда и – главное – продукты питания. Не будем утомлять читателя, только упомянем, что в доме наводится стерильная, можно сказать, аномальная чистота.

Что в этом такого необычного? Иногда встречаются люди, которые очень любят чистоту. Дело в том, что речь идет не о чистоте вообще. Главное в уборке – обнаружить и уничтожить квасное, то есть все, что связано, хотя бы косвенно, с процессом брожения. Например, хлебные крошки или макароны. Не будем входить в детали, скажем только, что ничего похожего не делает и не делал никто и никогда.

Однако самые сложные предписания относятся к пище и вообще ко всему, что относится к еде.

В дни праздника можно есть лишь определенные продукты, специально отобранные, обработанные и приготовленные по очень сложным технологиям. Например, особый продукт, приготавливаемый специально к празднику, – маца. Главное при ее изготовлении – предотвратить вероятный процесс брожения.

Понятно, что в тесто не добавляются дрожжи, а для того чтобы оно не начало бродить после добавления воды в муку, эту смесь непрерывно перемешивают не более 18 минут. Если процесс затянулся – тесто к употреблению не годится.

Теперь представим на минутку те народы, которые окружали израильтян. Какими глазами они смотрели на все эти премудрости? Не надо далеко ходить. Как на это все смотрят сегодня? Евреи это выполняют, потому что это обычаи, а не евреи смотрят с удивлением на абсолютно нерациональные действия, ассоциирующиеся с магическими ритуалами дикарей.

Возникает главный вопрос: «Есть ли связь между прогрессивной, можно сказать, революционной идеологией израильтян и непонятными, часто кажущимися нелепыми, действиями в быту?»

Мы уже говорили, кто и зачем учредил еврейские праздники. Песах – не исключение. Каждое действие, процесс, и даже терминология несут определенный смысл. Речь идет о внутренних изменениях, которые происходят в человеке. Все без исключения действия, совершаемые в праздник, говорят о том, как изменить, или как изменяется эгоистическое отношение человека к жизни на противоположное ему – альтруистическое. Например, какой смысл в такой, беспрецедентно тщательной уборке дома? Под понятием «дом» подразумевается сердце человека. Уборка дома – очищение от эгоистических устремлений сердца, чтобы сделать его пригодным для любви к ближнему.

Это первый уровень объяснения. Есть уровни более глубокие, с использованием каббалистической терминологии. Скажем, особый пасхальный поднос, «кеара», используемый во время праздничной трапезы. На него укладывают специально приготовленные блюда. Всего их шесть. Каждое из них соответствует шести скрытым, управляющим свойствам природы. Они называются: Хесед, Гвура, Тиферет, Нецах, Ход, Есод. Сама кеара называется – Малхут – седьмое свойство, относящееся уже к самому человеку.

Каждое действие, каждый предмет, имеющий отношение к празднику, несут особый внутренний смысл. Существуют специальные книги, где это описано очень подробно. Например, «Шаар а-Каванот» (Врата намерений). Мы не будем это разбирать, поскольку это очень сложные понятия, требующие специальной подготовки.

Напоследок скажем, что даже название народа, первым напавшим на Израиль в пустыне, несет в себе особый смысл. АМАЛЕК[53] – это аббревиатура слов «аль менат лекабель» (ради получения). Речь идет о максимальном, самом разрушительном и неуправляемом уровне эгоизма.

---

[53] Каббалисты уполномочены сообщить, 2011. С.262.

Антисемитизм сохраняет евреев

Начнем с формулировки вопроса.

Народ был изгнан. Допустим, что это была вынужденная необходимость ради великой цели распространения этических ценностей. Но ведь народ со всеми его ценностями мог раствориться среди других народов, что, собственно, и произошло с десятью из двенадцати израильских колен. Возможно, тот факт, что два израильских колена, прародители современных евреев, не растворились среди других народов, просто нелепая случайность?

Нет, это не случайность. Если без эмоций и сантиментов посмотреть на реальность, мы увидим, что евреев – как некую общность – сохранила не только религия, как полагают многие, но и не имеющее прецедентов явление – антисемитизм. Антисемитизм – это не продукт поведения евреев, это оболочка, кожура, которая сохраняет само понятие «еврей».

Может быть, мы главным образом благодаря антисемитизму и существуем до сих пор, как раса. Я верю, что так оно и есть.[54]

На протяжении всей истории евреи пытались стать как остальные народы – как греки, римляне, немцы, русские... Они отрицали религию, меняли внешний облик, перенимали обычаи, языки, образ жизни, вообще все, что только могли, – но ничего не получилось. Мы

---

[54] Альберт Эйнштейн.

не говорим про отдельные исключения, мы говорим о тенденции. Евреям и не евреям кажется, что антисемитизм это что-то вроде ксенофобии – естественной ненависти к чему-то чуждому. Однако жизнь говорит, что это не так.

Антисемитизм – это не ксенофобия и не случайность. Не только отдельные страны, но и целые империи пытались избавить мир от евреев. Греки пытались заменить еврейскую мораль своей, римляне – властвовать над евреями. Испанцы, португальцы и многие другие изгоняли евреев из своих стран. Жирную точку в этом процессе поставили германские нацисты.

В евреях они видели своего главного идейного врага. Задолго до прихода к власти, еще в сентябре 1919 года, Гитлер написал свой первый политический документ, где заявил, что еврейский вопрос может быть разрешен лишь полным устранением евреев из Европы. После прихода нацистов к власти в Германии, появился план окончательного решения еврейского вопроса.

К завершающей части этого плана – массовому уничтожению евреев – нацисты приступили во время Второй мировой войны. Конвейер смерти не останавливался не на минуту. На это тратились огромные материальные и человеческие ресурсы, очень часто в ущерб боевым операциям. Вся правящая верхушка Германского рейха была помешана на этом плане, но особенно их вождь – фюрер.

Перед самоубийством Гитлер написал завещание.

Можно было ожидать, что он напишет о причинах поражения, преемнике, политических назначениях, о личных переживаниях, наконец. И действительно, в том или ином виде эти темы там затронуты. Однако главная идея, пронизывающая весь этот документ, находится в другой плоскости. Главное, что волнует Гитлера, – это еврейская проблема.

Как известно, последнее указание перед смертью – это последний шанс автора донести до потомков свои мечтания, сокровенные идеи, внутреннюю мотивацию всей своей жизни. Перед вами последнее постановление из завещания Гитлера. Комментарии здесь излишни.

Превыше всего я требую, чтобы правительство и народ максимально защищали расовые законы и беспощадно противостояли отравителю всех наций – международному еврейству.[55]

---

[55] Ширер У. Взлет и падение Третьего рейха, 2009. Том 2. С. 665.

Евреи есть, а вопроса нету

Бросается в глаза странный, можно сказать, алогичный, факт. В те времена так комфортно, как в Германии, евреи не чувствовали себя нигде. Большей частью они вели не религиозный, а светский образ жизни. На протяжении сотен лет они успешно сливались с окружающей средой. Например, отец Карла Маркса принял протестантство и крестил своих восьмерых детей. Вместе с этим, ни один антисемит не упоминает о протестантстве Карла Маркса, зато с удовольствием напоминает, что он еврей.

Немецкие евреи считали себя немцами иудейского вероисповедания. Они активно участвовали в общественной и культурной жизни страны, а во время первой мировой войны – в боевых действиях на фронте. Тогда на фронт отправились добровольно около 100 тысяч немецких евреев. Когда и как закончилась вся эта идиллия, мы знаем.

Может быть, во всем виноват особый немецкий менталитет, и в другой стране такого не могло быть по определению? Согласимся с этим и попробуем проверить. Правильнее всего сделать это в сравнении. Для корректного сравнения нужно взять страну со сходными признаками.

Во времена упомянутых событий Германия, как известно, считалась сверхдержавой. Кроме того, эта страна имела отношение к социализму. Правящая партия Германии так и называлась – национал-социалистическая.

Какая сверхдержава тогда также проповедовала социализм? Только одна – СССР.

Как чувствовали себя евреи в СССР, и вообще, насколько актуален там был еврейский вопрос? Писатели И. Ильф и Е. Петров на страницах своего знаменитого романа «Золотой теленок» так обрисовали тогдашнюю обстановку:

– Значит, есть и (еврейский) вопрос?
– Нет. Евреи есть, а вопроса нету.

Коротко и ясно, ничего не скажешь. Для полноты картины важно отметить, что на государственном уровне СССР был ярым противником антисемитизма.

В СССР строжайше преследуется
законом антисемитизм, как явление
глубоко враждебное Советскому строю.
Активные антисемиты караются по
законам СССР смертной казнью.[56]

Бывали, конечно, иногда, как тогда говорили, перегибы. В СССР правил бал интернационализм, поэтому иудаизм, как и сионизм, не приветствовались, а о своей национальности еврейские дети часто узнавали в школе или от соседей, а не от мамы и папы.

Выходит, писатели были правы и на территории СССР закон природы – антисемитизм – не действовал?

---

[56] Сталин И.В. Сочинения. Т. 13. – М.: Государственное издательство политической литературы, 1951. С. 28.

Да, он не действовал, но только на страницах знаменитого романа. Если бы писатели дожили до кампании «Борьбы с безродным космополитизмом», переросшей в «Дело врачей-отравителей», возможно, после этого главу, посвященную еврейскому вопросу, они бы переписали. Тогда, как известно, только смерть И. Сталина остановила «окончательное» решение еврейского вопроса в СССР.

Напрашивается вывод. Антисемитизм – это не изобретение немцев или русских, это такое же явление природы, как дождь или снег. Он может проявиться в любой момент и может в любой момент затихнуть. Он предсказуем своим постоянством и не предсказуем местом и временем. С уверенностью можно сказать лишь одно – в покое евреев не оставят.

Среди тех народов не найдешь ты покоя, и не будет отдыха ногам твоим.[57]

---

[57] Тора, Дварим, 28:65.

Куда их гонят

Мы утверждаем, что антисемитизм – это закон природы. А где доказательства? Да, евреев изгоняли и изгоняют из разных стран. Ну, и что? Выдворяли и другие народы. Да, возможно, евреев изгоняли чаще, чем других. Однако это еще не доказывает, что – антисемитизм это закон. И вообще, что это за закон такой: гонять людей, просто так, по всему миру? Зачем Природе это надо? Лучше бы занялась озоновой дырой.

Попробуем все же разобраться.

На протяжении истории евреев изгоняли часто. Обычно, в какой-то момент, после относительного спокойствия начинались обвинения, гонения, судилища. Потом принимался государственный указ, и евреев выгоняли. Никого не заботило, куда они пойдут. Но вдруг, налаженный механизм дал сбой. Начиная с конца 19-го века, возникли предпосылки возрождения еврейского государства, и, вместе с этим, медленное, но неуклонное возвращение евреев на историческую родину.

Исторические условия, сионисты, возродившийся древний язык иврит, согласие стран, деньги – все это и многое другое изменило антисемитские настроения. Они приобрели целенаправленность. Медленно, но уверенно евреев начали выталкивать из стран диаспоры в сторону земли обетованной.

Если в начале 20-го века евреи были разбросаны по всему миру, то спустя сто лет основная масса евреев сконцентрировались в двух странах – Израиле и США. Даже в такой стране, как Грузия, которая известна своим толерантным отношением к евреям, на сегодняшний день евреев почти не осталось. Большей частью они переехали в Израиль.

Приведем несколько исторических фактов, подтверждающих возникшую тенденцию.

Малоизвестно, но когда нацисты пришли к власти, они не собирались уничтожать евреев. Прежде всего, они стремились изгнать их из Германии. Можно говорить, что это происки сионистов, но факт остается фактом – Германия прилагала огромные усилия, чтобы переселить своих евреев в Палестину. Вопрос в том, хотели ли евреи туда ехать.

Заинтересованность властей Рейха была так велика, что для евреев, выезжающих в Палестину, налог был уменьшен, а экспорт туда товаров из Германии был переведен на льготную основу. Разрешено было вывозить движимое имущество. Власти создали сеть ремесленных и сельскохозяйственных училищ, где потенциальные иммигранты могли получить специальность, востребованную на новом месте жительства.

...На обустройство выезжающих евреев власти перевели 100 млн. рейхсмарок![58]

---

[58] Вершинин Лев. Нацисты и сионисты. Несостоявшийся роман. Публикация на сайте: mishmar.info

Возвращаться не хотят

Мы видим из этих и других фактов, что антисемитизм не некая непостижимая сила, которая бессмысленно давит на еврейский народ. Нет, она действует целенаправленно. После изгнания, евреи мечтали вернуться на свою землю, но не могли. Когда появились условия вернуться, евреи ехать не захотели.

Перед Второй мировой войной евреи не хотели ехать в Израиль. После войны и страшной Катастрофы они тоже ехать в Израиль не торопились.

Как известно, после заключения пакта «Молотов – Риббентроп», в ходе начавшейся мировой войны, Германия и СССР поделили между собой Польшу. На территории СССР оказались сотни тысяч евреев, бывших граждан Польши. После окончания войны появилась возможность осуществить мечту поколений – вернуться на историческую родину. Однако польские евреи отправились не в Палестину, а в Польшу, и это – несмотря на царивший там антисемитизм. Лишь после известного погрома в Кельце, в 1946 году, польские евреи все же отправились в Палестину.

Можно полагать, что евреев в Палестину, а потом в Израиль, направляли сионисты, еврейские банкиры, немцы, русские, поляки и т.д. А можно считать иначе. Скажем, существует некий план, кажущийся иррациональным, который заложен в природе в виде программы. Зачем это нужно? Да по все той же причине, о которой говорили еврейские пророки. Изгнанники должны были распространить идеи Моше, а потом вернуться к себе домой, чтобы первыми воплотить их в жизнь.

Представляем пророчества Йехезкеля – духовного вождя евреев диаспоры в Вавилонии. Эти пророчества относятся ко времени между 593 и 571 гг. до н. э., то есть более 2.5 тысяч лет назад.

> *И возьму вас из народов, и соберу вас из всех стран, и приведу вас в землю вашу. И окроплю вас водою чистою, и очиститесь вы от всей скверны вашей; и от всех идолов ваших очищу вас. И дам вам сердце новое, и дух новый вложу в вас. И удалю из плоти вашей сердце каменное, и дам вам сердце из плоти. И дух Мой Я вложу в вас; и сделаю, что законам Моим следовать будете и уставы Мои соблюдать будете и поступать по ним.*[59]

---

[59] Пророки, Йехезкель, 36:24-27.

Глава 4
ИЗГНАНИЕ

За что их изгнали

Народ должен из изгнания вернуться домой. Допустим. Но почему он все-таки был изгнан? Что произошло?

Эти вопросы требуют подробного анализа, поэтому придется начать издалека.

С незапамятных времен и по сегодняшний день, с завидным постоянством проявляет себя явление, которое открыл Авраам. Мы видим, как какая-та сила вынуждает человека двигаться по ступеням эволюции от пещер к небоскребам, от сохи к генной инженерии, от феодализма к капитализму.

Словно некая невидимая спираль разворачивает перед человеком все новые потребности и стремления. На смену базисным потребностям к пище и крову приходят потребности более высокого – социального уровня. То, без чего может обходиться обособленный индивидуум, приобретает значимость и высшую ценность в обществе.

В числе важнейших общественных «изобретений»: тяга к богатству, жажда славы, почестей и власти, стремление к постижению окружающего мира. Авраам открыл, что закон развития не позволяет человеку удовлетвориться достигнутым, и именно это в конечном итоге ведет к прогрессу человечества.

Очень колоритно описал это явление А. С. Пушкин в знаменитой «Сказке о рыбаке и рыбке».

Вначале старуха, героиня произведения, через мужа-рыбака выклянчила у волшебной золотой рыбки деревянное корыто.

Дурачина ты, простофиля!
Не умел ты взять выкупа с рыбки!
Хоть бы взял ты с неё корыто,
Наше-то совсем раскололось.

После непрерывного каскада все возрастающих требований старуху, что называется, «зашкалило»:

Не хочу быть вольною царицей,
Хочу быть владычицей морскою,
Чтобы жить мне в Окияне-море,
Чтоб служила мне рыбка золотая
И была б у меня на посылках.

В сущности, Пушкин в поэтической форме на примере сварливой старухи описал тот самый закон эгоистического развития человечества, который открыл Авраам. У этого закона есть следствия и последствия. Приятные и не очень. К приятным можно отнести такие: холодильник, автомобиль и Интернет. И не очень приятные: автомат Калашникова, атомная бомба и мировой кризис.

Теперь самое время задать вопрос: «Какое отношение к изгнанию евреев из своей страны имеют Пушкин, Калашников и мировой кризис?» Конечно, связи между ними нет, но так случилось, что евреи первыми осознанно начали борьбу с отрицательными (неприятными) следствиями закона эволюционного развития человечества.

Но почему именно евреи? Неужели в этом

заключается их хваленая избранность? Как ни странно – да. Их задача – первыми принять на себя удар этого закона природы и первыми найти способ, как с этой проблемой справиться. И главное – они должны научить этому весь мир.

Это не народ

И все-таки непонятно. Почему этот закон в первую очередь нарушил именно еврейское спокойствие?

Дело в том, что еврейский народ – не народ в обычном понимании. Он появился не как другие народы – естественным образом. Его основал Авраам именно для того, чтобы процесс эгоистического развития контролировать. Как мы помним, в качестве контрмеры эгоистическому прогрессу человечества, евреи приняли к исполнению закон: «Возлюби ближнего как самого себя».

В результате появилось почти альтруистичное – по древним и, без преувеличения можно сказать, по сегодняшним меркам – государство. Но как образно передано в «Сказке о рыбаке и рыбке», на смену удовлетворенным желаниям-потребностям систематически приходят новые, более «продвинутые» желания. Как следствие, рабы хотят сначала свободы, а потом самим стать господами, а пролетариат желает взять в свои руки заводы и фабрики. Как в революционном лозунге: «Кто был никем, тот станет всем».

Таким образом, на новом витке развития, налаженные социальные связи работать перестают, что в «нормальном» обществе приводит к смене формации.

Израиль «нормальным» обществом считать невозможно, особенно если посмотреть на его окружение. Это больше чем чудо, когда в языческой среде вдруг, без всяких на то предпосылок, рождается и процветает государство с альтруистическими идеалами.

Сегодня, умудренные социалистическим опытом, мы можем это оценить. Интересно провести сравнительный анализ между СССР и древним Израилем.

Вначале охарактеризуем в нескольких предложениях процессы создания и деятельности этих государств.

СССР – братоубийственная война, диктаторская власть, границы на замке.

Древний Израиль – общественное согласие, власть мудрецов, открытые границы.

Время существовал СССР – 73 года.

Время существования Древнего Израиля – более тысячи лет.

Похоже, есть чему удивляться и чему поучиться.

В чем причина успеха Израиля в построении общества будущего и неуспеха СССР?

В СССР идеология государства базировалась на человеческой логике.

В Израиле идеология базировалось на знании законов природы.

Как справлялись в СССР с «неумеренным» ростом потребностей-желаний советских людей? Как когда. В ход шло все – от общественного порицания до репрессий и расстрелов. Суть технологии – силой остановить эволюционный процесс развития человека. Но Природу ни силой, ни хитростью не одолеешь. Поэтому этот проект лопнул.

В Израиле изначально шли вместе с Природой и, более того, на ее помощь опирались. Если бы не этот подход, то еврейское государство никогда не родилось бы, а еврейский народ просто бы не возник.

Стойкость ее (еврейской расы) сделала тщетными все попытки ее искоренения. Жизненная сила и мощность ее сохранились благодаря тому, что она развивалась в строгом согласии с теми законами природы, нарушение которых обратило другие народы в ублюдков.[60]

---

60 Форд Г. Международное еврейство.

Укрощение эгоизма

Евреи, мне кажется, что они очень, очень эгоистичны.[61]

В древнем Израиле процесс укрощения человеческого эгоизма шел все время по нарастающей. Вновь завоеванная любовь к ближнему сменялась ненавистью. Как только народ справлялся с текущими проблемами, им на смену тотчас приходили новые, тяжелее прежних.

Это природное явление требует отдельного пояснения.

Непрерывный рост взаимного неприятия или, что то же самое – рост эгоизма, кажется на первый взгляд вещью отрицательной. И в этом заключается главная ошибка тех, кто пытается силой влиять на общественные процессы. Неважно, каким образом они это делают – массированной пропагандой или оружием.

Силой этот процесс на какое-то время можно сдержать, но остановить его невозможно. Это уже сегодня понятно многим. С другой стороны, возникает вопрос: «В чем смысл этого процесса, ведь его тенденции – разрушение и хаос?»

Так это выглядит на первый взгляд. Но только на первый. Потому что из личного опыта мы знаем, что это не так.

---

[61] Трумен Гарри (1884-1972) – 33-й президент США.

Не секрет, что близкие люди после преодоления кризиса в отношениях любят еще сильнее. Как в афоризме: «Чем больше ненавидишь, тем больше любишь». Главное, уметь этот кризис преодолеть. А если просто сдерживать и копить обиды внутри? Тогда – развод.

То, что верно для индивидуума, верно и для общества в целом. С одной существенной разницей: в семейном конфликте может помочь психолог, в обществе нужны другие методы. Но в том и другом случае после успешного преодоления конфликта взаимоотношения становятся крепче. Конечно, до следующих, более сильных разногласий.

Итак, мы приходим к выводу. Непрерывный рост эгоизма – процесс не отрицательный, а положительный. Если, конечно, уметь этим процессом управлять.

Если мы будем уничтожены,
то и мир будет уничтожен с нами
из-за беспричинной ненависти.
А если мы вновь отстроимся, то и
мир отстроится с нами, благодаря
бескорыстной любви.[62]

---

[62] Кук Авраам (1865-1935) – первый главный раввин Израиля, известный каббалист.

Перманентный развал

И все же хотелось бы поподробней выяснить, как еврейский народ продвигался по пути объединения.

Точкой отсчета можно без преувеличения назвать гору Синай. Там добровольно-принудительным образом были собраны многочисленные потомки группы Авраама, с целью создания народа на основе принципа «возлюби ближнего как самого себя». Чувствовали они себя тогда в пустыне неуютно, после сытной жизни в Египте. Особенно после того, когда им было объявлено:

> *Если вы принимаете Тору (закон*
> *поручительства) – хорошо, если нет –*
> *здесь будет место вашего погребения.*[63]

Оставим эту фразу без комментариев.

Так или иначе, они объединились и стали единым народом. Дальнейший их путь насыщен большим количеством событий и об этом написано тонны литературы. Нас интересует лишь один аспект этого процесса – центробежные силы, которые разрывали народ в течение всей его истории.

Вот один из характерных эпизодов, произошедших в пустыне уже после получения Торы.

Корах – один из родственников Моше – поднял бунт. Он был сказочно богатым, но этого ему показалось мало. Он захотел власти. Говоря современным

---

63 Вавилонский Талмуд, трактат Шабат, 88, 1, Гмара. Шмот, 19.

языком, стать олигархом. Духовные ценности отступили на второй план. Бунт был подавлен, причем с многочисленными жертвами.

Поскольку процесс развала и междоусобиц стал перманентным, Моше учредил институт духовного руководства народом.

> *Невозможно перечесть частных отличий в обычаях и законах у всех народов. Иные отдали власть самодержцу, иные – нескольким избранным родам, иные доверили ее народу. А наш законодатель, отказавшись от всего вышеперечисленного, создал, так называемую, теократию.*[64]

Мы не отдаем себе отчета, насколько социальное устройство, установленное Моше, не имело и не имеет прецедентов в истории.

> *Моисей подготовил и осуществил удивительное предприятие – сплочение в единый народ неорганизованной массы несчастных беглецов, лишенных мастерства, вооружения, таланта, добродетели, мужества, которые не владели ни единым клочком земли и составляли на ее лице группу чужаков.*

---

[64] Флавий Иосиф (около 38 г. – после 100 г.) – еврейский историк и военачальник.

Моисей осмелился превратить эту толпу бродяг и рабов в политическую общность, в свободный народ.

Пока эта толпа скиталась по пустыне, не имея даже камня, чтобы преклонить голову, он дал им эту стабильную организацию, выдержавшую испытание временем, судьбой и завоеваниями, которую не удалось разрушить и даже изменить за пять тысяч лет и которая жива и сегодня во всей своей мощи, даже хотя единства народа более не существует.[65]

---

[65] Руссо Жан Жак (1712-1778) – французский философ, писатель.

Народ без царя

Невероятный исторический факт. Несмотря на бесконечные агрессии, образованное евреями государство около 200 лет существовало без регулярной армии и без централизованного административного аппарата. Духовные наставники народа из колена Леви были лишены земельного надела и жили в 48 городах, принадлежавших другим коленам.

Между тем центробежные силы раскола нарастали. Народ, как и духовные предводители, постоянно находился перед выбором. Идти по пути Моше с его «нерациональной» методикой, или предпочесть «прогрессивные» обычаи соседей.

Например, во владениях колена Дана действовал языческий храм, снискавший славу удачными пророчествами. Точность предсказаний предписывалась большому серебряному идолу, установленному в храме. Важно отметить, что службу в нем нес ни кто иной, как представитель священников из колена Леви.

Образ жизни соседей находил все больше приверженцев в среде народа. Идеалы народной любви и единства теряли свою ценность. Не удивительно, что в стране начались междоусобные конфликты

Однажды в городе, принадлежавшем колену Биньямина, остановился некий левит со своей женой. Ночью жену похитили, изнасиловали и убили. В результате этого преступления началась междоусобная война между коленом Биньямина и остальными коленами. Войну удалось остановить только на пороге полного уничтожения провинившейся стороны.

Крутой перелом в сложившейся обстановке произошел во времена правления пророка Шмуэля. Его сыновья, занимавшие большие должности, насаждали культ беззакония и взяточничества[66]. В это же время войска филистимлян захватили часть территории страны. Народ потребовал от Шмуэля – по примеру других народов – установить монархический строй. Взошедший на престол царь Шауль соединил в себе две функции: духовную и административную. Впервые с момента основания, в стране появились государственный бюрократический аппарат и регулярная армия.

Народ, появившийся не в результате естественных исторических процессов, а на основе этических ценностей, не может спокойно находиться под монархическим или любым другим единоличным правлением. Цари, пришедшие на смену Шаулю, – Давид и затем его сын – Шломо удачно сочетали в себе духовную и административную власть. Они были скорее духовными вождями, чем царями.

Не все было гладко уже при их правлении. Внешнее языческое окружение оказывало влияние, в том числе, и на них. Шломо даже выстроил для своей жены-египтянки отдельный дворец с языческим капищем. Вместе с тем, баланс административных и духовных сил сохранялся, и страна во времена их правления процветала.

Когда Шломо умер, ситуация кардинально

---

[66] Флавий Иосиф. Иудейские древности. К.6, гл.3.

изменилась. Его сын Рехавам решил, что главное – это власть. Духовные ценности отошли на второй план. Последствия этого шага печальны. Страна, объединенная некогда усилиями Давида, раскололась на два государства: северное царство Израиль и южное царство Иудею.

Идолы возвращаются

Методика Моше постепенно искажалась и нивелировалась, особенно в Северном царстве. Идолы начали заселять царский дворец. Проводники этических идеалов – пророки – все больше теряли статус духовных лидеров. Как и раньше, это привело к взаимной вражде и междоусобице.

Одно из самых кровавых столкновений произошло во время правления царя Иорама. В результате заговора был убиты царь, все члены царской династии, их приближенные и все жрецы храма Ваала. Между тем, взошедший на царский престол генерал Иеху очень скоро вернулся к идолопоклонству, которое сам же с такой жестокостью искоренил.

Северное царство просуществовало до 722 г. до н.э. Ассирийское вторжение положило конец существованию страны. Десять колен были угнаны в рабство и растворились в тумане истории.

Следующая страница – разрушение Храма. Причины этой трагедии, произошедшей уже в Южном царстве – Иудее, словно калька с описанных выше событий: отход от духовных ценностей и – как следствие – взаимная вражда. Пророки предупреждали о приближающейся трагедии, но процесс стал необратимым.

...сказал Господь Бог: «За то, что в буйстве своем вы (превзошли) другие народы, которые вокруг вас...»

«Треть твоя от мора умрет и от голода погибнет среди тебя; треть падет от меча в окрестностях твоих; и треть Я развею по всем ветрам...»[67]

События, предшествующие разрушению второго храма в 70 г. н. э., очень подробно описаны в книге «Иудейские войны», захваченным в плен римлянами политиком и военачальником Иудеи, Иосифом Флавием.

Вражда многочисленных партий и течений привела к захвату страны римлянами. В те редкие моменты прозрения, когда евреи объединялись против общего врага, они побеждали, и изгоняли захватчика. Но длилось это не долго, поскольку духовную основу своего существования они регулярно отбрасывали за ненадобностью. Обычаи и нравы народов мира притягивали к себе все больше еврейских умов и сердец. Их больше не привязывала к себе земля Израиля.

В итоге это привело к разрушению Храма и изгнанию народа.

Методика дала сбой

Непрерывное развитие общества приводило к совершенствованию методики Моше. Несмотря на это, напряжение в стране нарастало. Не будем забывать, что связи между соседними народами и Израилем постоянно росли. Происходили как взаимообмен, так и взаимовлияние. Некогда отвергнутые языческие законы и ценности, на новом витке развития, начали приобретать новые, более утонченные и изящные формы. Они становились все более привлекательными и желанными. То, что было с негодованием отметено отцами, вдруг начинает привлекать сыновей. Некогда единый – в своем стремлении к высоким этическим ценностям – народ постепенно начал раскалываться. Появились собственные аристократы и олигархи. Желания к богатству и власти начали превалировать над устоями морали.

После всего сказанного возникают очень непростые вопросы. Неужели методика Авраама дала сбой? Почему ученики Авраама и Моше не смогли найти, если можно так сказать, противоядие прогрессирующему росту ненависти? Почему они не смогли преодолеть раскол и изгнание народа? И еще раз спросим – почему???

Ответ таков. Они не могли это сделать. Потому что ростки методики Авраама, посаженные когда-то им самим, а потом в течение веков переданные или позаимствованные народами мира, дали свои плоды. В том или ином искаженном виде методика Авраама распространилась по всему миру: в виде философии, науки, морали, религий, верований, методик.

Вот что об этом сказал д-р Джеффри Сатиновер на научной конференции в Сан-Франциско:

> *Нет никаких сомнений в том, что каббала стоит за кулисами и таится в основе всякой науки, всякой культуры и всякого вида человеческой деятельности на земле.*

Вследствие этого влияния, человечество поднялось в своем развитии на небывалый уровень. Поэтому методика Авраама, усовершенствованная Моше и в дальнейшем другими духовными руководителями Израиля, не могла уже сдерживать мощный вал новых потребностей-желаний народов, обрушившихся на страну.

Обычаи и нравы, заимствованные у египтян, аммонитян, моавитян, ассирийцев, вавилонян, греков, римлян приводили вновь и вновь к раздору в народе, а вслед за этим в ослабленную междоусобицами страну вторгались вооруженные силы идеологического врага.

В конце концов, все это кончилось полным изгнанием народа. Но, как известно, нет худа без добра. С одной стороны, народ-носитель распространил прогрессивные этические ценности, а с другой стороны, уже в изгнании усовершенствовал методику исправления. К середине 20-го века, «противоядие» самым «передовым» желаниям-потребностям было найдено.

Методика полностью готова для использования нашим поколением, и первыми ее должны применить на себе ее создатели – евреи.

Кто кого победил

И все-таки, как происходило взаимовлияние культур и моральных устоев?

Этот процесс длился достаточно долго и поэтапно. При царе Давиде этот процесс начал значительно ускоряться.

Не секрет, что царь Давид много воевал. То, что именно во время войн происходит взаимопроникновение цивилизаций, тайной ни для кого не является. Вспомним, хотя бы, что именно Вторая мировая война позволила простому советскому человеку увидеть впервые западный мир.

Правление Давида характеризуется завоевательными походами и такими же непрерывными междоусобицами. Вместе с этим, методика преодоления эгоистических всплесков действовала без перебоев и не только помогла преодолеть взаимную ненависть, но и обеспечила, в итоге, объединение всех колен Израиля.

Царь Давид известен не только как мудрый правитель и отважный воин. Еще больше он знаменит как духовный лидер народа, и даже, как поэт и музыкант. Ему принадлежит авторство всемирно известных Псалмов (Теилим).

На смену Давиду пришел его сын, царь Шломо. При нем началось строительство Первого храма и, в то же время, продолжилось иноземное влияние. Известно, что царь Шломо позволял своим женам исполнять языческие обряды.

Несмотря ни на что, он был и остается одним из самых известных мудрецов не только в еврейской среде, но и во всей человеческой цивилизации. В мире он известен под именем Соломон и автор книг «Экклизиаст» и известнейшего поэтического произведения «Песнь песен». Не многим известно, что в действительности кроется за высоким слогом и возвышенной поэтикой.

...над всеми – «Песнь песней», которая полностью написана языком каббалы.[68]

---

[68] Бааль Сулам. Суть науки каббала.

Ненависть торжествует

Дальнейшее развитие событий пошло по экспоненциальной кривой. Чем дальше, тем быстрее. Между тем, сценарий этой эволюционной пьесы оставался всегда одним и тем же. Рост потребностей-желаний, раздор в народе, взаимная ненависть и покорение страны врагом.

Повторим вкратце несколько судьбоносных событий еврейской истории.

Внутренние раздоры приводят к разделению страны на Израильское и Иудейское царства. Непрекращающиеся распри, уже внутри Израильского царства, заканчиваются ассирийским вторжением, падением страны и угоном 10-ти из 12-ти колен еврейского народа. По сегодняшний день ничего не известно об их судьбе.

Следующее событие – разрушение Первого храма, построенного в свое время царем Шломо. Сценарий с завидной точностью повторяется на этот раз уже в царстве Иудейском. Взаимные распри, военное вторжение и пленение. На это раз вавилонское.

По прошествии примерно 600 лет этот процесс завершился разрушением Второго храма и полным рассеянием народа. В очередной раз трагедии предшествовали внутренние раздоры или, так называемая, беспричинная ненависть.

Вообще, тема взаимной ненависти пронизывает всю еврейскую историю. Один из самых ошеломляющих фактов – гибель двадцати четырех тысяч учеников известного учителя и законодателя, рабби Акивы. В источниках так и указывается, что причина их смерти – беспричинная ненависть. В живых осталось лишь пятеро учеников. Один из них – рабби Шимон бар Йохай – написал самую известную каббалистическую книгу в мире – «Зоар».

Важно отметить, что эта книга была написана рабби Шимоном и его учениками после разрушения Второго храма и начавшегося изгнания народа. То есть уровень центробежных сил, разрывающих народ Израиля, достиг своей кульминации. Взаимная ненависть в народе достигла невиданных размеров. В книге Зоар этот факт отмечается особо. Написано, что каждый день перед началом работы над книгой вся группа, а это было 10 человек, должна была вновь и вновь преодолевать взаимную ненависть друг к другу. Невероятно, но это так. Можно представить внутреннюю силу этой книги, написанную в таких невообразимых условиях.

Глубина мудрости учения, заключенного в книге Зоар, заперта на тысячу замков, а язык человеческий беден и скуден, и не может служить нам достойным и достаточным выражением для того, чтобы донести полный смысл хотя бы одного предложения из книги Зоар до самого конца.[69]

---

[69] Бааль Сулам. Введение в книгу Зоар.

Каббалистические книги

Поскольку мы заговорили про книгу Зоар, есть смысл несколько углубиться в тему каббалистических книг.

Каким образом пишутся эти книги, мы уже рассказали. Вопрос другой – по поводу содержания. Как уже говорилось ранее, каббалистические книги могут быть написаны разными языками. Например, книга Зоар отличается очень необычным содержанием. В ней можно найти сразу несколько языков. Иногда это язык Талмуда, иногда язык Агады, иногда язык каббалы.

Сразу возникает вопрос – как не запутаться в таком тексте.

Дело в том, что в каббале существует особый метод передачи информации, так называемый, «язык ветвей».

Что это означает?

Как мы знаем, за любой материальной вещью или явлением стоят силы внутренние, непостигаемые внешним наблюдателем.

Возьмем, к примеру, холодильник. Мы знаем, что этот необходимый в хозяйстве прибор работает с помощью электрического тока. Мы умеем замерять силу, напряжение и даже частоту электрического тока, однако что он представляет собой на самом деле, мы можем только догадываться. Каббалисты работают на самом внутреннем уровне – корневом. Там, откуда исходят нити связей и управления к уровням более внешним.

Происходящие там процессы каббалисты пересказывают теми материальными понятиями, которые непосредственно связаны с понятиями внутренними. Такой способ передачи информации называется языком ветвей. Отсюда вытекает, во-первых, что такой текст может писать лишь человек, который видит связь между корнем и ветвью, а во-вторых, в таком тексте нельзя произвольно что-либо менять.

> *...для объяснения этой науки (каббалы) совершенно невозможно воспользоваться никаким другим языком мира, кроме особого «языка ветвей», который специально для этого предназначен и соответствует своим высшим корням...*

> *...И не должно теперь вызывать удивление использование несоответствующих названий, так как нет свободы в их выборе, и нельзя поменять хорошее на плохое и плохое на хорошее.[70]*

Язык ветвей – это, по сути, принцип передачи информации. Сама информация может быть облачена, как мы уже говорили, в 4 языка: Библии, Предписаний, Сказаний и Каббалы.

Таким образом, с помощью, скажем, исторического повествования можно передать самую сложную каббалистическую информацию. Вместе с этим,

---

[70] Бааль Сулам. Суть науки каббала.

неискушенный читатель, не знакомый с внутренним кодом, увидит лишь внешнюю, видимую картину.

Как Мордехай раскрыл заговор

Ярким примером закодированной информации является широко известный манускрипт, который называется: «Мегилат Эстер» (Свиток Эстер). В этом документе повествуется о событиях, произошедших в 6-м веке до н. э. в Персии, а точнее, в столице страны, городе Сузы. Коротко, описываемые события развивались так.

Против местного царя Ахашвероша замышляется заговор, который раскрывает верный царедворец Мордехай. С помощью царицы Эстер, родственницы Мордехая, информация о заговоре попадает к царю. Несмотря на спасение жизни царя, преданный Мордехай в одиночестве прозябает у ворот дворца, а коварный Аман, его ненавистник, осыпан царскими милостями. Далее Аман замышляет уничтожить Мордехая и все еврейское население страны. Мордехай с помощью Эстер расстраивает этот тайный замысел и предпринимает превентивные действия против своих врагов. Вот, в общем-то, и все.

С тех пор еврейский народ отмечает свое чудесное спасение во время ежегодного праздника Пурим, а не евреи возмущены до глубины души бойней, которую устроили евреи своим врагам.

Напрашиваются сразу несколько вопросов к людям, составлявшим текст манускрипта.

Скажем, евреи атаковали своих потенциальных обидчиков. Допустим, что так все и было. Но зачем этот факт, отягощенный многочисленными подробностями, вносить в специальный документ? Зачем прилагать огромные усилия, чтобы этот документ, с помощью специально учрежденного праздника, дошел к потомкам? Что добавило это еврейскому имиджу, кроме обвинений в жестокости и насилии над мирным населением?

Кроме всего прочего, неужели авторы не понимали, что этот отправленный в будущее документ может повредить образу народа, принесшего миру революционный этический принцип «возлюби ближнего»?

...как евреям близка книга Есфирь (Эстер), которая оправдывает их кровожадность, мстительность и аппетиты разбойничьих надежд!

Никогда солнце не светило народу, более кровожадному и мстительному, который лелеет идею уничтожения и удушения иноверцев![71]

Трудно поверить, что это был прокол. На евреев это не похоже. В чем же все-таки дело?

Дело в том самом языке корней, о котором мы говорили. Для того чтобы передать внутреннюю каббалистическую информацию в неискаженном виде,

---

[71] Лютер Мартин (1483-1546) – богослов, инициатор Реформации, переводчик Библии на немецкий язык. Его именем названо одно из направлений протестантизма.

ее надо было передавать именно такими, а не другими, более приятными нашему слуху, словами.

Пуримский шифр

Были пуримские события на самом деле или не были, по большому счету это не волнует никого. Тем более сегодня, когда любые исторические события каждый комментирует по-своему. Когда в моде, так называемая, фолк-история, которую сегодня пропагандируют не только самозванцы и дилетанты, но и доктора исторических наук.

Объяснить в точности, что на самом деле написано в Мегилат Эстер, можно только на каббалистическом языке, и по техническим причинам в этой книге это сделать невозможно. Однако дать общее представление об этом тексте мы попытаемся.

Перед вами адаптированная расшифровка нескольких слов-понятий документа.

Адар[72] – название месяца, в котором произошли пуримские события. Этот месяц олицетворяет внутреннее состояние, в котором человек начинает обнаруживать в себе силы, позволяющие преодолеть эгоистическое отношение к ближнему.

Аман – олицетворяет вечно неудовлетворенную эгоистическую природу, свойственную каждому человеку. Аман зовется «злодеем», потому что сбивает человека с пути, который ведет к совершенству и вечности.

Мадай (Мидия) – государство, а позднее одна из областей Персидской империи. Его название происходит

---

[72] Двенадцатый, а в позднейшей традиции – шестой месяц еврейского года. Соответствует обычно февралю–марту.

от ивритского слова «дай» – достаточно. Иудеи, живущие в Мадае, олицетворяют людей, смирившихся со своей эгоистической природой.

Мордехай – его имя происходит от арамейского выражения «марей дахья», что означает «чистый и безупречный». Мордехай олицетворяет самое чистое желание человека – желание раскрыть в себе альтруистические свойства.

Мегилат Эстер (Свиток Эстер) – свиток (мегила) – от слова «раскрытие» (гилуй); Эстер от слова «астара» (сокрытие).

Свиток Эстер символизирует раскрытие человеку нового альтруистического мира, который до сих пор был от него скрыт.

Кто «прессовал» народ

Подведем итог.

Начальный период испытания и развития методики Авраама-Моше заканчивался.

К тому времени частота и глубина крайних состояний – любви и ненависти – ускорялись. Эволюционный процесс развития формировал и одновременно, что называется, «прессовал» еврейский народ. Сценарий событий не менялся. Объединение народа сменялось раздором, после которого следовало иностранное вторжение. Новое объединение приводило к изгнанию завоевателей, а новый раздор – к очередному вторжению.

Напомним: Авраам открыл, что эволюционный процесс остановить невозможно, но его можно контролировать. Ключ к этому глобальному процессу находится в правильных взаимоотношениях между людьми.

Так называемая беспричинная ненависть, как крайнее проявление анормальных взаимоотношений, достигла невероятных размеров. В итоге это и привело к разрушению Второго храма с последующим изгнанием народа. Эту тему очень ярко и подробно иллюстрирует Талмуд.

> При Втором храме занимались вероучением, усердно исполняли заповеди, исправно отделяли десятины и отличались всякими добрыми нравами, – но, вместе с тем, любили корысть и питали друг к другу беспричинную

ненависть, а беспричинная ненависть такой тяжкий грех, что равняется идолопоклонству, блудодейству и кровопролитию.[73]

О нарастающих разрушительных тенденциях говорят многочисленные факты. Известно, что Первый храм существовал 410 лет. За это время пост первосвященника[74] занимали 18 человек. Второй храм, в свою очередь, простоял 420 лет, и за это время в нем сменилось более 80 первосвященников!

Место первосвященника мог занять по закону лишь человек, обладающий высочайшими духовными заслугами. Духовный упадок всего общества привел к тому, что эту должность можно было просто купить или выиграть в лотерею[75].

Неудивительно, что страна постоянно теряла свою независимость. Вавилонскую империю сменила Персидская империя, потом империя Александра Македонского, Империя Птолемеев и, наконец, Рим.

Параллельно с этим шел процесс передачи знаний народам мира. К сожалению, в большой мир уходили искаженные каббалистические знания.

Многие греческие мыслители и философы учились у евреев и «подгоняли» полученные сведения под свои теории.

В книге «О каббалистическом искусстве» немецкий философ средневековья Иоганн Рейхлин пишет:

---

[73] Вавилонский Талмуд, Йома, 9:2.

[74] Мидраш, Ялкут Шимони, Бемидбар, 25, 771.

[75] Мишна, Йома, 2:4.

Мой учитель Пифагор, отец философии, все-таки перенял свое учение не от греков, а, скорее, от иудеев. Поэтому он должен быть назван каббалистом. И он был первым, кто перевел слово «каббала», неизвестное его современникам, на греческий язык словом «философия».

В своей статье «Чудесное свойство запоминания», каббалист Бааль Сулам писал:

Я имею в виду Аристотеля, который завещал восхвалять его за его вознесение на небеса, то есть за изобретение ложной основы, что было достаточно для его цели, для всех стрел его утонченного разума, но выхолостило весь дух. А пришло это к нему из того, что он увидел в книгах мудрецов Израиля глубокую мудрость, основы которой заложены каббалистами.

К окончательному раздроблению народа, как писал Бааль Сулам, привел конфликт между сектой саддукеев, во главе с Цадоком и Битусом, и фарисеями. Саддукеи не хотели заниматься преодолением все возрастающих эгоистических потребностей. Они пропагандировали культ силы и власти, как это было принято у других народов. Их отказ слушать советы каббалистов привел к гражданской войне, разрушению Второго храма и изгнанию народа...

Глава 5
ВЛИЯНИЕ НА ЧЕЛОВЕЧЕСТВО

Европейские скитания

Герберт Уэллс однажды сказал: «Имело бы смысл серьезно проанализировать и разобраться, как это получается, что в каждой стране, где живут евреи, возникает антисемитизм».

Вопрос действительно требует тщательного исследования, хотя существует вопрос, который стоит исследовать в первую очередь. Почему антисемитизм возникает даже в тех странах, где евреи не живут? Например, в Китае или Японии? И еще вопрос. Почему евреи после изгнания с родины постоянно скитались по всему миру?

Ниже список[76] населенных пунктов Европы, из которых евреи были изгнаны. Даты указывают год изгнания.

Майнц, 1012	Австрия, 1420
Франция, 1182	Пион, 1420
Верхняя Бавария, 1276	Колонь, 1424
Англия, 1290	Майнц, 1438
Франция, 1306	Огзбург, 1439
Франция, 1322	Верхняя Бавария, 1276, 1442
Саксония, 1349	Нидерланды, 1444
Венгрия, 1360	Бранденбург, 1446
Бельгия, 1370	Майнц, 1462
Словакия, 1380	Майнц, 1483
Франция, 1394	Варшава, 1483

---

[76] Дюк Дэвид. Еврейский вопрос глазами американца, 2001.

Испания, 1492

Италия, 1492

Литва, 1495

Португалия, 1496

Неаполь, 1496

Наварра, 1498

Нюрнберг, 1498

Бранденбург, 1510

Пруссия, 1510

Генуя, 1515

Италия, 1540

Неаполь, 1541

Прага, 1541

Генуя, 1550

Бавария, 1551

Прага, 1557

Ватикан, 1569

Венгрия 1582

Гамбург, 1649

Вена, 1669

Словакия, 1744

Моравия, 1744

Богемия, 1744

Москва, 1891

Список впечатляет, тем более, что как мы понимаем, он далеко не полный...

На поставленные вопросы существует множество ответов. Но из жизненного опыта мы знаем, что не может быть у болезни так много причин. Истинная причина, пускай не очень понятная и не совсем очевидная, должна быть все же одна. В любом случае она должна быть обоснованной и объясняющей все существующие последствия болезни.

Кто правит миром

Пришло время поговорить об этой причине подробнее. Сразу предупредим, что истоки проблемы находятся очень глубоко. Гораздо глубже, чем можно это предположить.

Мы уже упоминали, что вся природа, на всех уровнях, начиная с самого элементарного, построена на связи, соединении двух противоположных сил. Плюс и минус, северный и южный полюса у магнита, протоны и электроны в атоме, холодное и горячее, жидкое и твердое, черное и белое, и т.д. Разнообразие связей между элементами, носителями противоположных сил, строит окружающий нас мир. Чем разнообразнее, качественнее и многограннее эти связи в объекте, тем выше его ступень на лестнице эволюции.

В итоге, перед нами предстают, во всем своем многообразии, четыре вида природы: неживая, растительная, животная и человеческая. Между собой они отличаются разной сложностью и характером связей противоположных сил. Разнообразие противоположных сил, выражающихся в форме и качестве даже в одном и том же материале, делают настоящие чудеса. К примеру, из одного и того же куска дерева можно смастерить обычный ящик, а можно создать скрипку Страдивари.

Необходимо отметить, что именно гармония противоположных сил или, говоря по-научному, гомеостазис, обеспечивает существование объектов. Мы видим, что закон гомеостазиса царит на всех уровнях природы. Если объект по какой-либо причине выходит из состояния баланса, гармонии противоположных создающих его сил, он прекращает свое существование в прежнем виде.

Великий каббалист Бааль Сулам так описывает процесс гомеостазиса:

Возьмем, для примера, нашу планету. Вначале это был лишь газовый шар, подобный туману. Силы притяжения, заключенные в нем, в течение определенного периода сконцентрировали находившиеся в нем атомы в тесную группу. В результате этого газовый шар превратился в шар жидкого пламени.

Далее, в течение периодов грозных схваток двух сил, заключенных в земном шаре – позитивной и негативной, охлаждающая сила одолела силу жидкого пламени, охладила тонкую оболочку вокруг шара и укрепилась там.

Но не утихла борьба сил, и через какое-то время вновь одержала верх сила жидкого огня...

Так сменялись периоды один за другим, и каждый раз, когда одерживала верх охлаждающая сила, становилась отвоеванная оболочка все толще. А когда установилась гармония, появились условия для органической жизни.

Органические формы жизни развиваются точно таким же образом. Под воздействием двух сил, позитивной и негативной, проходят они сотни промежуточных состояний – с момента зарождения и до конца созревания.[77]

Описание действительно очень подробное и осязаемое. Однако многое остается непонятным. Что или кто выводит из установившегося равновесия противоположные силы? И главный вопрос – существует ли у этого процесса цель, и если да, в чем она?

Всем движет упомянутый нами не раз закон развития. Именно он вынуждает противоположные силы природы входить во все более сложные и многообразные связи. Согласно этому закону вся природа должна пройти определенное количество промежуточных этапов. Неживой, растительный и животный уровни природы достигли уже давно своего пика. В то же время мы видим, что человек находится еще в пути...

---
[77] Бааль Сулам. Газета «Народ».

Методика высшего уровня

На всех уровнях процесс развития проходит всегда по одной схеме. Любой промежуточный этап через какое-то время приходит к своему максимуму, после этого он отрицается или, иными словами, перестает существовать, а на его место приходит новый, более высокий уровень.

Гегель назвал такие фазовые переходы – тезис, антитезис и синтез. Он и другие философы сумели заметить эти явления в природе, однако понять, почему так происходит и куда движется процесс развития, не смогли.

Гете, который известен не только как поэт, но и ученый, сказал: «В науке мы можем знать только, как произошло что-нибудь, а не почему и для чего».

И действительно, обычными наблюдениями это определить невозможно, поскольку управление природой происходит с другого, более высшего уровня. Каббала – это наука, цель которой подняться на этот высший уровень. Каббалист Бааль Сулам объясняет, куда и зачем движется последняя еще не завершившая свое развитие стадия природы – человечество.

> Хотя он (человек) уже не находится на первобытном уровне, но все-таки еще далек от совершенства. И потому до сих пор управляется он войнами позитивных и негативных сил (подобно тому, что говорилось о Земном шаре) – верных

посланцев, ведущих все человечество
к совершенному состоянию.[78]

Хорошо, допустим, что все сказанное верно, но какое отношение это имеет к евреям и антисемитизму?

Как ни странно, самое непосредственное.

Как вы помните, Авраам в свое время сделал некое революционное открытие. Он обнаружил, что «Закон развития» или, иными словами, эволюция, раз за разом поднимает уровень отрицательной или, как говорит Бааль Сулам, негативной силы. Эту силу философы называют антитезис, а каббалисты – эгоизм. Вследствие роста этой силы, поднимаются запросы, происходит переоценка ценностей, смена формаций, войны, технический и культурный прогресс, и ухудшаются взаимоотношения людей…

Цель этого процесса – осознание ограниченности эгоистического пути развития, и после полного отказа от него (отрицания), переход на следующую – высшую ступень.

Для того чтобы подняться на эту высшую ступень, необходимо активное, сознательное, созидательное участие в этом процессе самого человека, как единственно мыслящего звена эволюции.

Человечество, взятое в целом, становится
мощной геологической силой. И перед
ним, перед его мыслью и трудом,
становится вопрос о перестройке биосферы

---

[78] Бааль Сулам. Газета «Народ».

*в интересах свободно мыслящего
человечества, как единого целого.[79]*

---

[79] Вернадский В. И. (1863-1945) – российский естествоиспытатель и мыслитель.

Антисемитизм – природные тиски

Люди должны по собственной воле объединиться на основе принципа «Возлюби ближнего как самого себя».

Что сделал Авраам? Он нашел людей, в которых природа изначально заложила склонность, способность к такому объединению. Из них, благодаря открытой им методике, он создал группу, которая впоследствии переросла, уже под предводительством Моше, в целый народ. Таким образом, позитивная составляющая закона развития многократно усилилась, а созданный для этого народ стал ее естественным носителем.

В дальнейшем негативная составляющая закона развития преодолела позитивную силу, вспомним пример с нашей планетой, а носитель этой силы – еврейский народ – рассеялся по Земле. Конечная цель этого процесса, по словам каббалистов, – соединить и, таким образом, привести к совершенству все человечество.

Еврейский народ в данном случае должен стать позитивным объединяющим элементом.

К сожалению, положительная сила находится в еврейском народе в «спящем состоянии».

Антисемитизм – это своеобразные природные тиски. С одной стороны, он сохраняет еврейский народ, а с другой стороны, оказывает на него давление. Цель этого давления – вынудить еврейский народ передать позитивную силу миру. К сожалению, сегодня евреи, точно так же, как и не евреи, ничего об этом не знают, хотя и те и другие о чем-то подобном догадываются.

Неосознанное требование к еврейскому народу – выполнить свой долг относительно человечества – выражается в особом отношении к ним. Нет людей безразличных к евреям и, вместе с этим, никто не знает – почему. Часто это «неведение» принимает крайне неадекватные формы. Вот что говорит один из отцов «Просвещения», Вольтер:

> *Евреи являются не чем иным, как презираемым и варварским народом. Они – самые наглые из всех людей, ненавидимые всеми их соседями. Они все рождаются с яростным фанатизмом в сердцах, так же, как бретонцы и тевтоны рождаются блондинами. Я не буду удивлен, если эти люди когда-нибудь станут подлинным бедствием для всего человечества. Евреи внушают нам ужас... Короче говоря, это самый гнусный народ в мире.*
>
> *Тем не менее, их не следует сжигать на костре.*[80]

Похоже, и Вольтер догадывается, что евреи, все-таки, для чего-то нужны.

---

[80] Вольтер Мари Франсуа (1694-1778) – французский философ, писатель, историк, представитель французского Просвещения.

Аномальный народ

Высказывание Вольтера и других просвещенных антисемитов лишний раз подтверждают тот факт, что евреи вызывали и вызывают к себе особый интерес. Кто они на самом деле и в чем их предназначение, толком не знает никто. Однако то, что в них скрыта какая-то аномалия, знают все.

Факты говорят сами за себя.

Евреи составляют лишь 0.2% человечества. Вместе с этим, они умудрились «отхватить» 20% нобелевских премий.

Их успех в разнообразных областях человеческой деятельности поражает. Кому не известны эти люди: поэт Борис Пастернак, шахматист Михаил Ботвинник, физик Роберт Опенгеймер, психоаналитик Зигмунд Фрейд, экономист Карл Маркс, балерина Майя Плисецкая, иллюзионист Гарри Гудини, кинорежиссер Стивен Спилберг, художник Марк Шагал...

> *Его (еврейского народа) вклад в мировой список выдающихся имен в литературе, науке, искусствах, музыке, финансах, медицине и углубленных исследованиях – вообще вне всяких пропорций с его численностью.*[81]

Вместе с этими достижениями обращает на себя внимания особая активность евреев в области финансов.

---

[81] Твен Марк (1835-1910) – американский писатель.

...его (еврейского народа) коммерческие достижения крайне непропорциональны его мизерному количеству.[82]

Поражает не столько успех династии Ротшильдов и олигарха Абрамовича, сколько существование ассоциативного ряда: еврей – деньги.

Деятельность евреев в финансовой области просматривается на протяжении почти всей истории.

Правители многих стран использовали финансовый дар евреев. К примеру[83], в 13-14 веках, при правлении Фердинанда IV и Альфонсо XI, евреи полностью контролировали финансы королевства «Кастилии и Лион».

Возникает вопрос: «Почему евреи уделяли такое внимание финансовой сфере?»

Ответ, а точнее ответы на самом деле лежат на поверхности. Прежде всего, грамотность и знание иностранных языков. О всеобщей грамотности еврейского народа мы уже говорили, что касается языков – неудивительно знание языков у вечных скитальцев.

Кроме того постоянная опасность изгнания вынуждала заранее готовиться к дороге. Понятно, что с собой не возьмешь дом, виноградник или сад. Другое дело деньги или драгоценности. Но и их не просто сохранить. Что же делать? Оставалось лишь одно. Организовывать финансовые структуры, заручившись

---

[82] Твен Марк. Относительно евреев, 1898.

[83] Фланнери Э.Х. Муки евреев. Двадцать три столетия антисемитизма, 2001. С.137.

146

поддержкой соплеменников из других стран. Эти же связи помогали налаживать и торговые отношения.

Чаще всего именно умение создавать экономические связи вынуждало правителей мириться с еврейским присутствием в стране. Вспомним хотя бы, библейскую историю возвышения Иосифа в Египте.

Однако все это не гарантировало евреям стопроцентную безопасность и спокойствие...

Талмуд и финансы

Чтобы сохранить свое достояние в периоды погромов и изгнаний необходимо предпринимать какие-то шаги – это понятно. И все же метаморфоза, произошедшая с евреями удивительна. Как народ, который принес в мир этические нормы, смог доминировать в финансовой сфере? Откуда у евреев такие способности к финансовым и торговым операциям?

Как не странно, ответ находится в Талмуде.

Талмуд, – это не просто сборник правовых норм. Это, по сути, каббалистический учебник. Он обучает тому, о чем мы так много говорили – как правильно работать с позитивной и негативной силами. В терминах каббалы, позитивная (альтруистическая) сила называется – правая линия. Негативная (эгоистическая) сила называется – левая линия. Правильное сочетание этих сил, с подъемом на следующую ступень, называется – средняя линия. Талмуд обучает именно этой работе, хотя и использует для этого другой язык.

Интересно, что сегодня Талмуд изучают во всех школах ...Южной Кореи. Посол Республики Корея в Израиле, Йонг Сам, сказал: «Процент евреев среди нобелевских лауреатов очень высок во всех сферах: в литературе, науке и экономике. Вывод, к которому мы пришли: одна из важных причин интеллектуальной одаренности евреев заключается в том, что они изучают Талмуд. ...Поэтому мы решили: наши дети тоже будут изучать Талмуд, и они тоже все станут поголовно гениями».

Корейцы в своих догадках не одиноки. К похожему выводу пришел американский историк Макс Даймонт:

Хотя Талмуд и не отвечал всем требованиям современной жизни, хотя это был все тот же Талмуд времен греков, римлян и мусульман, – он все же был школой абстрактной мысли и юридической логики, оттачивающей разум.[84]

Действительно, эта развитая в поколениях способность налаживать связи и, особенно между вещами, казалось бы, противоположными и даже абстрактными, характеризует интеллектуальные качества еврейского народа. В этом причина того, что евреи так успешны во многих областях, в том числе в финансах.

Все это хорошо, но почему именно за эти способности евреев упрекают и даже обвиняют. И громче всех – еврей по происхождению – Карл Маркс:

Кто его (еврея) настоящий бог? Наличные![85]

Причина этого в том, что способность – объединять, нужна для другого.

Конструктор может построить бумажный кораблик, а может – океанский лайнер.

Еврейский народ должен, прежде всего, объединить человечество и лишь потом управлять денежными

---

[84] Даймонт Макс. Евреи, бог и история, 1994.
[85] Маркс Карл. К еврейскому вопросу, 1843.

потоками и плодить нобелевских лауреатов.

Объединение несет людям жизнь, а не цветные фантики-деньги.

Народ морали

Преследования, погромы и изгнания сопровождали евреев на протяжении всей истории. Неудивительно, что изгнанники оказались, рассеянны по всей земле. Еще на рубеже новой эры греческий географ Страбон писал: «Евреи населяют почти все города, и в мире нелегко найти место, где бы ни жили представители этого племени».

Вместе с предметами быта евреи несли с собой на чужбину свой уклад жизни, свои обычаи и моральные устои. Таким, не совсем приятным способом, этические нормы, принятые евреями, начали свое путешествие по миру.

> *Издавна множество людей выражает страстное желание перенять наши религиозные обряды. Нет ни одного греческого города, ни одного варварского племени, ни одного народа, на который не распространился бы наш обычай воздерживаться от работы каждый седьмой день и где бы ни соблюдались наши посты, зажигание светильников и наши многочисленные ограничения в том, что касается пищи.[86]*

Постепенно многие этические нормы евреев стали нормами общечеловеческими. На них покоятся

---

[86] Флавий Иосиф. Против Апиона.

мораль и уголовные кодексы, системы воспитания и общественные формации. Почему же антисемитизм не затих, а наоборот, расцвел? Почему евреев обвиняют во всех смертных грехах? Может быть, еврейские ценности несут в себе какой-то тайный замысел?

Возьмем к примеру, хорошо известный всем еженедельный выходной день субботу (шаббат). В целом отношение к субботнему отдыху в античном мире было положительным. Вместе с этим, у этого прогрессивного новшества были противники. Например, римский философ I-го века новой эры, Сенека, считал, что человек из-за этого теряет седьмую часть жизни. Он также сожалел, что обычаи «этой проклятой нации... распространились во всех странах».

Как это ни удивительно, но даже спустя 1800 лет «особое» отношение к евреям перевесило очевидную пользу идеи выходного дня.

Этот отдых (суббота) был благом для рабов после шести дней тяжелых работ, но отводить целый день для безделья – в случае свободных, активных людей – недопустимо... Евреи – рабы, и их закон – закон рабов.[87]

Знаменитый философ XIX-го века Гегель, по сути, солидарен со своим античным коллегой.

Как известно, идея выходного дня, заложенного в еврейской субботе, в той или иной форме

---

[87] Гегель Георг Вильгельм Фридрих (1770-1831) – немецкий философ, создатель систематической теории диалектики.

распространилась повсеместно. Невозможно всерьез представить, чтобы сегодня правительство какой либо страны решилось вдруг этот, по сути, еврейский обычай отменить. Вместе с этим мы видим, что благодарности за это гениальное изобретение евреи не снискали.

Странные обычаи

Интересно, какие вообще еврейские традиции существуют и в чем их суть.

К числу самых известных обычаев относятся обрезание и кашрут.

Обрезание, возможно, вообще самый древний обычай. Свое начало он ведет еще от Авраама. С точки зрения его рациональности и «полезности» мнения сегодня разделены. Некоторые исследования говорят, что это полезно для здоровья, другие утверждают, что в лучшем случае эта процедура на здоровье не влияет.

Многие народы делали и делают обрезание, однако евреи придают этой, как они утверждают, полученной свыше заповеди, особое значение. Обрезание делается новорожденному на восьмой день. Никто и ничто не может отменить обряд обрезания. Включая субботние и любые другие запреты. Только в случае болезни младенца обрезание может быть перенесено на более позднюю дату.

Теперь короткий экскурс в кашрут.

Общеизвестно, что существуют кашерные, то есть пригодные в пищу животные, и некашерные. Пригодными в пищу являются только жвачные, имеющие раздвоенные копыта, животные. Например, корова или овца. Животные, не имеющие обоих признаков одновременно, являются некашерными.

Кстати говоря, свинью нельзя употреблять в пищу не потому, что она нечистоплотна, а потому, что не относится к жвачным, хотя и имеет раздвоенные копыта.

Особое значение имеет способ забоя. Это делается специальным ножом по особой технологии. По этой причине дичь, добытая на охоте, считается некашерной.

Не совсем понятно, почему кашерная пища пользуется сегодня большим спросом как раз у неевреев. По поводу полезности или не полезности кашерной пищи особых соображений не существует. В любом случае, рациональным, обычай кашрута назвать затруднительно, тем более, что его положения делают недоступными для евреев большинство продуктов, съедаемых с аппетитом другими народами.

Почему Моше «нагрузил» этими и множеством других обычаев несчастных евреев – непонятно. По крайней мере, приемлемых объяснений до сих пор никто предъявить не смог. С другой стороны, у основателей античной культуры по поводу происхождения этих законов свое мнение имелось.

Суббота имеет своим происхождением заболевание тазовых органов, возникших при бегстве из Египта и заставившее их отдыхать на седьмой день.[88]

Так в чем же все-таки суть кашрута и субботы? Оказывается та же – каббалистическая. В каждой

88 Апион (20-е годы до н. э. – около 45-48 года н. э.) – гре-ко-римский грамматик.

заповеди заключено особое внутреннее действие, направленное в конечном счете на объединение. Вообще все заповеди Торы только об этом и говорят:

«Возлюби ближнего своего как самого себя» – рабби Акива говорит, что это главный (общий) закон Торы.[89]

---

[89] Мидраш Раба, Берешит, 24:7.

Технология Моше

Так что же на самом деле Моше передал потомкам? Оказывается далеко не то, что принято об этом думать.

В Торе, и во всех книгах, написанных каббалистами, по сути, идет речь о процессах, происходящих между отдельными частями Творения, а главное, даны конкретные рекомендации, как эти части объединить и привести к всеобщей гармонии.

Объединение воспринимается нами чаще всего, как явление положительное, хотя зачастую оно недостижимо, а иногда непредсказуемо и болезненно. Выигрыш от объединения выражается в том, что из базисных объектов можно получить нечто качественно другое.

Например, если обработать и соединить особым образом объекты неживой природы – камни, перед нами возникнет великолепный дворец. Из отдельных, ничем не связанных между собой людей можно создать колхоз или целую страну. Если пойти дальше и начать обрабатывать и объединять объекты более «продвинутым» способом, тогда из неживой природы, скажем из двух кусков урана можно получить атомную бомбу, а из людей можно создать идеальное общество. Таким образом, результат объединения зависит от методики.

В создании таких ноу-хау евреи особенно отличились. Вспомним Карла Маркса или Альберта Эйнштейна.

Описание   испытания   особой   технологии

объединения мы находим в Торе. В пустыне Синай из нескольких миллионов разрозненных, почти не связанных между собой людей был синтезирован народ. В чем его отличие от всех остальных народов? Только в одном: в «нечеловеческом» принципе – «возлюби ближнего как самого себя», который стоял в основе их объединения.

> *В «чистом виде» совершить какое-ли-*
> *бо действие или усилие из-за любви к*
> *ближнему, то есть без какой-либо наде-*
> *жды на вознаграждение, – это, по приро-*
> *де вещей, совершенно невозможно.* [90]

Действительно, разве можно назвать «человеческим» принцип «возлюби ближнего как самого себя»? Изначально никто объединяться на этом уровне не хочет, поскольку это совершенно неестественно и абсолютно нереально. Однако ввиду обстоятельств, о которых мы упоминали, люди, собравшиеся в пустыне, на это объединение пошли. Но дело на этом, как известно, не закончилось.

Это, такое невероятное, нелогичное и нерациональное объединение, своей конечной, завершающей ступени еще не достигло.

Говоря научным языком, евреи – это группа первопроходцев-испытателей. Весь остальной мир с нетерпением, хотя и неосознанно, ожидает результатов от этой группы. Причем результат ожидается

---

[90] Бааль Сулам. Дарование Торы.

исключительно положительный и как можно раньше. Любая задержка или уклонение от процесса приводит к соответствующему отношению к испытателям.

Нельзя безнаказанно идти против принципа единства всех людей, как закона природы.

Я употребляю здесь понятие «закон природы» – как это теперь все больше входит в жизнь в области физико-химических наук – как точно установленное эмпирическое обобщение.[91]

---

[91] Вернадский В. И. Несколько слов о ноосфере.

Каббалистическая составляющая

Между тем процесс идет. Все промежуточные результаты невероятного эксперимента заносятся в книги. Тексты несут информацию на нескольких уровнях. Главным образом, это методика, технология объединения. Речь идет о внутренних переживаниях, так называемых, духовных состояниях, которые проходит человек при движении по этому пути. Корректируются эти состояния – по мере продвижения – особыми действиями, которые называются заповедями (мицвот). Мицва – от слова цивуй (приказ, указание).

Все заповеди, от кашрута до субботних ограничений, несут каббалистическую информацию. Важно отметить, что каббалистическая составляющая еврейских обычаев не имеет никакого отношения к тем механическим действиям, которые выполняют люди, следующие традициям.

Точно также обстоит дело и с историческим повествованием в Торе. Весь текст, целиком, – это каббалистическая информация. О том, насколько повествование соответствует историческим событиям древности, каббалистов интересовало и интересует мало, поскольку главное – методика, а не история.

Сказано в книге Зоар:

*Разве Тора дана нам для того,
чтобы рассказать нам об истории и
повседневных вещах? Ведь подобное
есть и у других народов.*

Теперь становится понятным, почему заповеди, которые исполняют верующие евреи, выглядят в глазах постороннего наблюдателя столь странно. Какая может быть польза от кожаных коробочек (тфилин), наложенных на лоб и на предплечье во время утренней молитвы? Трудно, а скорее всего, невозможно придумать рациональные объяснения для многих обычаев евреев.

В то же время в каббалистических книгах этому посвящены целые разделы. Как было сказано ранее, каббала – наука точная, поэтому, как и в любой другой точной науке, в ней используется специальная терминология. Например, смысл заповеди «наложение тфилин» звучит так: «ЗОН де-Ацилут, который делает зивуг де-акаа, получает свет, – тогда кли называется «кли тфилин», а свет – «свет тфилин»».

Ничего не поделаешь, без соответствующей подготовки понять, что скрывается за этой формулировкой, не представляется возможным. Схожая ситуация и в других науках. Скажем, в математике или медицине.

В итоге вырисовывается такая картина. Со своей задачей каббалисты древности справились. Методика исправления до нас дошла. Относительно же заповедей они высказались вполне однозначно:

Какая разница Творцу, что кто-то режет скотину с шеи, а кто-то – с затылка? Ведь заповеди даны ни для чего другого, как только для того, чтобы очистить (соединить) ими творения.[92]

---

[92] Мидраш Раба, Лех Леха, 44:1.

Народ которого нет

Странные народ эти евреи. Чем-то похожи на другие народы, и одновременно с этим, не похожи ни на кого. Согласно определению Сталина, для того чтобы этническая общность могла называться нацией, необходимо присутствие четырех признаков: язык, территория, экономическая жизнь и психический склад. Как мы понимаем, даже сегодня, когда существует государство Израиль, у евреев есть с этим проблема.

> *О какой общности судьбы и национальной связности может быть речь, например, у грузинских, дагестанских, русских и американских евреев, совершенно оторванных друг от друга, живущих на разных территориях и говорящих на разных языках?*[93]

Парадокс. Народа как бы нет, а ненависть к нему есть. Вопрос, в чем причина?

Есть версия, что евреи очень сильно повлияли на человеческую цивилизацию. Причем повлияли отрицательно. Существует версия противоположная, что евреи повлияли положительно. Есть еще третья версия, что они не повлияли никак. Последнюю версию мы позволим себе отбросить и попробуем проанализировать две предыдущие.

Для начала приведем бесспорный, можно сказать,

---

[93] Сталин И. В. Национальный вопрос и социал-демократия.

«убойный», очень сильно повлиявший на всю цивилизацию факт.

Евреи родоначальники так называемых авраамических религий:

иудаизма,

христианства,

ислама,

караизма,

бахаизма.

В продолжении к этому, но на этот раз факт пока не доказанный.

Известно, что между 734 и 581 гг. до н.э. произошло шесть крупных депортаций народа Израиля. Сразу же после этого, почти мгновенно, в исторических конечно же, масштабах, словно грибы после дождя появились новые духовные учения на Востоке. Несколько дат для иллюстрации вышесказанного:

Разрушение первого храма: 586 г. до н.э.
Рождение Будды: 563 г. до н.э.
Рождение Конфуция: 551 г. до н.э.

Интересно сравнить некоторые высказывания отцов-основателей учений.

Моше: «Возлюби ближнего как самого себя»
Конфуций: «Чего не желаешь себе, того не делай людям»
Будда: «Кто сам не делает зла, не подвержен злу».

Поскольку нет достоверных доказательств, эти достижения на счет евреев записывать не будем.

Варвары

В течение первого тысячелетия новой эры евреи особых следов не оставили. Если не считать Хазарского Каганата и царской династии Багратионов в Грузии. Как это повлияло на развитие цивилизации неизвестно, а потому пойдем дальше.

Заслугу развития финансовой и торговой деятельности стран в Средние века приписывают евреям. Чаще всего с отрицательными эпитетами. Поскольку этот факт считается общепризнанным, останавливаться на нем не будем и перейдем сразу к науке. Скажем прямо, относительно научных достижений евреев в Средние века консенсуса не наблюдается.

Есть такое мнение:

Евреи никогда не были физиками, геометрами или астрономами; у них не только никогда не было общественных школ для воспитания молодёжи, но даже термина, обозначающего такие учреждения, нет на их языке…

Наконец, они просто невежественный и варварский народ, с давних пор соединивший самую мерзкую скаредность с самыми отвратительными предрассудками и с вековечной ненавистью к народам, которые терпят и обогащают их.[94]

---

[94] Вольтер Мари Франсуа.

А есть такое:

*Вся физика, включая все ее частные
науки: астрономию, астрологию,
пиромантию, хаомантию, гидромантию,
геомантию, алхимию, – все они матрицы
благородной науки каббалистики[95].*

Как бы там ни было, но несколько евреев, а точнее евреев бывших, оставили след в средневековой истории: предсказатель Мишель де Нострадамус (1503-1566), философ Барух Спиноза (1632-1677) и, пожалуй, вице-канцлер России Петр Шафиров (1669-1739). Однако в те мрачные времена евреи все-таки больше «прославились», как распространители чумы, и другой подобной деятельностью.

*Изгнаны они, иуды, из России за великие
и злые душегубства убиения ядом лучших
людей, людей русских; за распространение
отравных зелий и тяжких смертельных
заразительных болезней всяческими
хитроковарными способами; за разложения,
кои они в государственное тело вносят.[96]*

---

[95] Парацельс Теофраст (1493-1541) – швейцарский врач и естествоиспытатель. Цитата из: Парацельс. Сочинения. Т. 5. С. 343 (Полное собрание сочинений. Ч. 1. XIV. С. 547 и далее).

[96] Татищев В.Н (1686-1750) – российский государственный деятель, историк.

Неугомонные

Ситуация резко стала меняться после появления еврейского культурного течения, Аскала (просвещение), возникшего во второй половине 18-го века. Вот когда евреи показали, на что они способны. Дошло до того, что в 1816 г. финансовая династия Ротшильдов получила баронский титул от императора Австрийской империи, Франца II, а потом евреи даже добрались до поста премьер-министра Англии, в лице Бенджамина Дизраэли (1804-1881).

В дальнейшем присутствие евреев на мировой арене становится еще более заметным. Они стали проявлять бурную деятельность практически всюду.

В экономическо-социальной области проявил себя Карл Маркс. Сионист Теодор Герцль выступил с идеей воссоздания еврейского государства и к удивлению, как евреев, так и неевреев, идея начала воплощаться в жизнь.

Евреи взялись за медицину и бывший одессит Хавкин спас от эпидемий холеры и чумы население Индии испытанными на самом себе вакцинами. И это еще не все. Даже в военных конфликтах, ранее ими игнорированных, евреи начали принимать активное участие.

В Америке, во время войны Севера и Юга, 1861-1865 гг., президент Линкольн назначил в войска союзных сил семь генералов-евреев. Во время Первой мировой войны на стороне Германии воевало 100 тысяч солдат евреев, а на стороне России – 200 тысяч.

Известен случай[97], когда во время рукопашной схватки проколотый русско-еврейским штыком немецкий солдат умирал со словами еврейской молитвы на устах.

Об участии евреев в революционных движениях написаны сотни томов. Эта тема бесконечная. Напомним лишь несколько имен: Бела Кун, Роза Люксембург, Троцкий, Каменев, Свердлов…

Несколько слов о еврейских гениях. К ним можно без преувеличения причислить Альберта Эйнштейна и Григория Перельмана.

Неплохо зарекомендовали себя даже еврейские гангстеры. Выделялись они своей, если можно так сказать, идейностью. Меир Лански, сделавший головокружительную карьеру в Америке во времена «сухого закона», промышлял спиртными напитками и азартными играми. Заниматься наркотиками он, в отличие от гангстеров других национальностей, категорически отказывался.

Можно еще добавить создателей всяческих бомб, сект и учений, а также кибернетики, антибиотика, противозачаточной таблетки и т.д. и.т.п. Для полноты картины еще упомянем Голливуд, практически в полном составе. Что же касается скрипача Давида Ойстраха, певца Джо Дассена, пловца Марка Спитца и юмориста Аркадия Райкина всерьез брать в расчет их влияние на цивилизацию не приходится.

И все-таки, повлияли евреи на цивилизацию или не повлияли?

---

[97] Лурье С. Антисемитизм в древнем мире, 1923 г. С. 12.

Очень оригинально высказался по этому поводу Питер Устинов, знаменитый английский актер, режиссер и продюсер:

Я считаю, что евреи внесли вклад в развитие человечества, который непропорционально велик по сравнению с их численностью. Они не только дали миру двух вождей такого масштаба, как Иисус Христос и Карл Маркс, но и позволили себе роскошь не последовать ни за тем, ни за другим.

Глава 6
ВОЗВРАЩЕНИЕ

Абсурдное пророчество

На рубеже 19-го и 20-го веков произошло невероятное. Начало сбываться предсказание, сделанное около 2.5 тыс. лет назад.

И возьму вас из народов, и соберу вас из всех стран, и приведу вас в землю вашу.[98]

Можно говорить что угодно, но факт остается фактом. Этому пророчеству нет аналога в истории человечества. Почему? Потому, что несмотря на кажущуюся абсурдность, оно полностью сбылось, и, в отличие от других подобных пророчеств, не нуждается в дополнительных интерпретациях.

Странно, что до сих пор никто не защитил на эту тему докторскую или, на худой конец, кандидатскую диссертацию.

Перед тем как перейти к другой теме надо сказать, что пророк не ограничился только этим пророчеством, он предсказал еще кое-что. В дальнейшем мы к этому вернемся, а пока перейдем к вопросам.

Итак, государство Израиль возродилось, и еврейский народ после 2000 лет скитаний начал возвращаться домой. Вместе с этим, за достаточно длинный период существования государства, домой вернулась лишь половина народа. А как же остальные? Почему они не возвращаются? И еще несколько вопросов.

Каким образом народ, несмотря на все гонения,

---

[98] Пророки, Йехезкель, 36:24.

сохранился? И наконец, самый запутанный вопрос, к тому же непонятно к кому обращенный. Кому и зачем надо было устраивать весь этот, извините за выражение балаган? Сначала образовать народ и построить страну. Потом разрушить страну и разогнать народ. И снова, построить страну и собрать народ. Им что там, неизвестно где, делать больше нечего?!

Еврейство закончило круговой цикл распространения вокруг Средиземного моря, вплоть до востока Европы, и теперь двинулось в возврат – на свою исходную землю. И в том цикле, и в разрешении его, – проглядывает надчеловеческий замысел. И, может быть, нашим потомкам предстоит увидеть его ясней. И разгадать.[99]

---

[99] Солженицын Александр Исаевич (1918-2008) – российский писатель.

Домой не хотят

Начнем с возращения. Почему после стольких чаяний еврейский народ до сих пор не вернулся домой? Ведь страна официально существует уже 65 лет. Срок достаточно большой, чтобы выучить язык, получить визу, собрать вещи, и даже сдать на водительские права. Однако возращение затягивается. А те, кто все-таки едут, едут как-то странно. Не они едут, а говоря языком сленга – их едут.

Интересно, что эта тенденция возникла не сейчас.

Известно, что после 70-летнего вавилонского плена в 6-м веке до н.э., несмотря на представившуюся возможность и даже активную административную и финансовую поддержку оккупационных властей, на родину вернулась лишь небольшая часть пленников. И это несмотря на то, что курировал проект возврата лично царь (персов) Корэш (Кир). Он не только выделил средства на восстановление Храма, но и вернул всю храмовую утварь, вывезенную его предшественником Навуходоносором. А это тысячи золотых и серебряных предметов.

Выдержка из письма Корэша, обращенного к сирийским сатрапам:

Позволю иудеям вернуться к прежним, почитаемым ими обычаям своих предков; пусть они получат на обзаведение скотом, вином и маслом двести пятьдесят тысяч пятьсот драхм и пшеничной муки двадцать

тысяч пятьсот артабов...
Всех же, кто ослушается этого повеления
или станет противодействовать ему,
я повелю распять, а имущество
конфисковать в пользу царской казны.[100]

Как мы видим, были даже выделены средства на обустройство. Почему же евреи, все как один, не бросились паковать чемоданы?

На то были причины и, как всегда, самые прозаические. За время нахождения в плену они там прижились. Многие сделали карьеру, обустроились и успели привыкнуть к сытной и спокойной жизни. Правда, напрашивается аналогия с Египтом?

В самом деле, зачем уезжать? Явной дискриминации нет, коренные жители почти не обижают, сама страна, а точнее метрополия сильна и надежна. А что их ждет на родине? Неважный климат, неурядицы и нехватка воды. Кроме этого, непрерывные войны, как внешние, так и внутренние. А еще абсурдная национальная идея «возлюби ближнего как самого себя», вместо идеи олимпийской: «быстрее, выше, сильнее».

Кстати говоря, это промежуточное возращение, как и предшествующее ему изгнание, было предсказано абсолютно точно за несколько столетий до того и что особенно поражает с указанием собственного имени главного действующего лица.

---

[100] Флавий Иосиф. Иудейские древности. К.11. гл.1.

*Который говорит Корэшу: «Пастырь
Мой, и всякое желание Мое исполнит
он, – и (повелевает) сказать
Йерушалаиму: «Построен будет!»
и храму: «Основан будешь!»*[101]

В конце концов, вавилонских пленников понять можно. На чужбине им жилось хорошо, и самое главное – их никто не притеснял.

Сегодня ситуация совершенно иная. Две тысячи лет изгнания оставили свой след в сознании народа. Теперь понятно, что антисемитизм неистребим, – это факт. Он способен принять формы самые варварские, совершенно неожиданно и даже у самых просвещенных народов.

И все равно евреи домой не торопятся...

---

[101] Пророки, Йешайя, 44:28.

Культурный антисемитизм

В истории гонений еврейского народа прослеживается одна удивительная тенденция. Чем больше появляется у евреев возможностей интегрироваться в окружающем обществе, тем изощреннее становится антисемитизм. Конечно, можно смотреть на это иначе. Чем больше гонений, тем больше евреи интегрируются. В любом случае, все эти попытки слиться с окружающей средой ни к чему не приводят. Евреям напоминают, кто они, будь они даже премьер-министрами.

> *Да, я еврей, и когда предки моего достоуважаемого оппонента были дикарями на никому не известном острове, мои предки были священниками в храме Соломона.*[102]

Можно поменять все: имя, фамилию, паспорт и даже внешность. Однако евреи, а точнее, понятие «еврей», остается. В свое время нацисты с помощью антропологических измерений пытались определить у евреев особые расовые признаки. Похоже, не далек тот день, когда евреев будут «вычислять» на генетическом уровне.

И вот здесь возникает вопрос. Почему люди, а это зачастую бывают очень умные и образованные люди, столько сил и энергии тратят на разоблачение

---

[102] Бенджамин Дизраэли (1804-1881) – премьер-министр Великобритании. Родился в еврейской семье. В 13-летнем возрасте был крещен.

еврейского чужака. Неужели таким, как Ж. Вольтер, Д. Бруно, Ф. Достоевский и др. было нечем больше заняться? Почему «еврейский вопрос» особенно «мучает» именно просвещенные умы?

Католический священник Э.Х. Фланнери подчеркивает в своей книге «Муки евреев»: «Истинными антисемитами в Римской империи являлись не столько императоры или простые граждане, сколько представители интеллигенции».

Интеллигент, уже из 19-го века, эту мысль подтверждает.

Антисемитизм отнюдь не является «признаком некультурности», а наоборот, одареннейшие и культурнейшие люди всех времен и всех народов, соприкасавшиеся с еврейством, были убеждёнными антисемитами...

...Антисемитизм всегда был отличительным признаком просвещенных умов.[103]

Может быть, разгадка этого явления скрывается здесь:

Причину антисемитизма следует искать в самих евреях...[104]

---

[103] Ренан Эрнст (1823-1892) – французский историк, философ.
[104] Лурье Соломон Яковлевич (1890-1964) – советский историк античности и филолог.

Цивилизованный антисемитизм

Существует еще один парадокс, не имеющий рационального объяснения. Казалось бы, чем цивилизованней человечество, тем оно должно становиться более гуманным и терпимым. Однако относительно евреев все происходит с точностью до наоборот, и чем дальше, тем хуже.

Первую тысячу лет изгнания евреев не любили и притесняли, но это носило чаще моральный и идеологический характер и редко переходило в физическое насилие.

Начиная с 11-го века, гонения начали принимать форму геноцида. 1096 г. – год начала крестовых походов. Прежде чем отправиться спасать Иерусалим от неверных, крестоносцы решили вначале спасти Европу от евреев. По некоторым оценкам с января по июль 1096 г. от четверти до трети еврейского населения Германии и Северной Франции были убиты.

Уже в Иерусалиме они продолжили начатое дело, предав огню синагогу с прихожанами.

В конце 13-го века дворянин Риндфлейш собрал армию погромщиков и прошел с ней через всю Германию и Австрию. В результате рейда было убито 100 тысяч человек и уничтожено 140 еврейских общин.

В годы эпидемии чумы (1347-1350) евреев уничтожали целыми общинами. По навету в отравлении колодцев, во Франции было отправлено на костер еврейское население целого города. Затем кровавые погромы перекинулось на северную Испанию,

Швейцарию, Баварию, Польшу и Австрию. Все шло по накатанной схеме: обвинение, суд, пытки, признание, костер. Чтобы избежать позора и пыток, целые общины убивали сами себя. Количество убитых плохо поддается исчислению. Было уничтожено 200 европейских еврейских общин.

В 1391 году в Испании началась антисемитская компания. Во время погромов было уничтожено около 70 общин. За три месяца погибло около 50 тысяч человек.

В апреле 1648 года казаки восточной Украины под предводительством гетмана Богдана Хмельницкого начали еврейские погромы. Его дело продолжили русские, шведы и поляки. В течение 10 лет погибло около 120 тысяч человек, 700 общин были разрушены.

Геноцид в цифрах

То, как относились к евреям на протяжении истории, наглядно иллюстрирует таблица из книги французского историка Л. Полякова «История антисемитизма». Публикуется в редактированной версии:

До новой эры
722 – Падение Северного (Израильского) царства. Ассирийцы уводят 10 израильских колен.
606 – Первое Вавилонское изгнание.
597 – Второе Вавилонское изгнание.
586 – Третье Вавилонское изгнание. Падение Южного (Иудейского) царства. Падение Иерусалима и разрушение Первого Храма.

Новая эра
66-73 – Антиримское восстание (Иудейская война); римляне убивают более 1.1 млн. евреев.
70 – Римляне разрушают Иерусалим, разрушают Второй Храм и убивают 600 000 евреев.
73 – После трехлетней осады римляне захватывают крепость Массаду. 960 защитников крепости совершают самоубийство.
132 – Восстание Бар-Кохбы. Римляне убивают более 500 000 евреев.
1017 – Указ Папы Бенедикта VIII об обезглавливании евреев.
1020 – Указ Папы Бенедикта VIII о сжигании евреев.

1066 – Убийство 4 000 евреев в Испании.

1096 – Перед первым крестововым походом под предводительством графа фон Лейнигена, в городах: Вормс, Гельдерн, Керпен, Везель, Нойс, Моэрс, Грефенбройх, Ксантен, Бонн, Кёльне Алтенар, Майнце Шпайер, Трир и в других, убиты более 12 000 евреев.

1096 – Крестоносцы убивают всех евреев Праги.

1099 – При наступлении на Иерусалим, крестоносцы убивают более 100 000 евреев и мусульман. Во время захвата Иерусалима они убивают 65 000 евреев и мусульман.

1100 – Крестоносцы убивают всех евреев Хайфы.

1147 – Начинается второй крестовый поход; убийства евреев продолжаются.

1171 – Сжигаются все евреи Блуа (Франция).

1179 – На Латеранском консилиуме, Папа Иннокентий III добивается образования еврейских гетто.

1189 – К началу третьего крестового похода жестоко умерщвляются евреи во многих городах Англии.

1194 – В Нойсе (Рейнланд) уничтожена еврейская семья: заживо погребена мать, дядя – колесован.

1209 – Убиты все евреи в Безье (Франция).

1215 – Папа Иннокентий III добивается на 4-ом Латеранском консилиуме, чтобы евреи носили отличительные знаки (еврейская звезда).

1221 – Уничтожен еврейский квартал в Эрфурте, все жители убиты.

1241 – Гетто во Франкфурте разграблено. Убиты

200 человек.

1247 – В Валреа (Франция) уничтожены все евреи.

1265 – В Зинциге на Рейне, уничтожены все евреи.

1270 – В Вайсенбурге (Бавария) казнены все евреи.

1278 – В Англии повешены 300 еврейских вождей.

1283 – Резня евреев в Кройцнахе, Майнце и Меллрихштадте.

1285 – В Мюнхенской синагоге сжигаются все прихожане.

1287 – Резня в Везеле, Боппарде, Коберне, Кирне, Ланштайне, Браубахе, Мюнстермайфельде.

1288 – В Бонне убиты 104 еврея.

1289 – В Труа (Франция) сожжены 13 евреев.

1298 – Полностью уничтожены 146 еврейские общины в Южной Германии и Австрии. Убито более 20 000 евреев. Главные места побоищ: Нюрнберг, Бамберг, Рёттинген, Берхинг, Краутхайм, Мосбах, Оксенфурт, Вюрцбург, Виндсхайм, Ротенбург, Нойштадт, Таубербишофсхайм, Хайльбронн, Зиндельфинген и др.

1321 – В Южной Франции убиты 5 000 евреев; все евреи общины Шинон сожжены.

1328 – В Наварре (Франция) зарезаны 5 000 евреев.

1332 – В Уберлингене сожжены 400 евреев.

1337 – Умерщвление евреев в Деггендорфе.

1348 – В Европе (Испания, Франция и т.д.) как

мнимые виновники чумы жестоко убиты миллион евреев. Уничтожены еврейские общины в Линдау, Хорбе, Эслингене, Ройтлингене, Аугсбурге, Колмаре, Нюрнберге.

1349 – Преследование евреев как мнимых виновников чумы переносится в Броцлав, Вецлар, Майнц, Кёльн, Радольфцелль, Вюрцбург, Фридрихсхафен, Франкфурт-на-Майне, Дрезден, Фульду, Равенсбург, Констанц, Шпайер, Ульм, Фрайбург, Штрасбург, Винтертур, Дисенхофен, Шаффхаузен, Тургау, Цюрих, Баден, Рейнфельден, Санкт-Галлен, Базель и Эмменталь.

1349 – 2 000 евреев публично сжигаются в Штрасбурге.

1391 – В Севилье разрушены 23 синагоги. Убиты 5 000 семей.

1391 – В Испании сожжены 20 000 евреев.

1391 – Сожжены 200 евреев в Енце (Дунай).

1404 – Сожжены все евреи Зальцбурга (Австрия).

1421 – Сожжены 212 евреев (мужчины и женщины) в Вене.

1478 – Официальное начало инквизиции в Испании.

1483 – В Испании инквизицией сожжены 30 000 евреев.

1494 – Вследствие «ведьмовой буллы», убивают тысячи еврейских женщин в Европе.

1501 – Толедо (Испания). Сожжены множество еврев.

1504 – В Москве сжигают всех известных евреев.

1506 – В Лиссабоне (Португалия) убивают 2 000 евреев.

1510 – В Берлине после пыток сжигают 38 евреев.

1574 – В Мексике сжигают 897 евреев.

1614 – Уничтожается еврейский квартал во Франкфурте.

1648 – В России и в Украине казаками Богдана Хмельницкого убиты 12 000 евреев.

1648 – В Польше казаками уничтожены 400 000 евреев.

1650 – В России, снова казаками вырезаны 200 000 евреев.

1670 – Из Вены изгоняются 14 000 евреев.

1679 – В течении нескольких лет, до 1692 года, в Пальме на Мальорке судами «Аутодафе», сжигаются многие тысячи евреев.

1680 – Аутодафе в Мадриде. Публично сжигаются 86 евреев.

1704 – Аутодафе в Португалии. До 1769 года убиты тысячи евреев.

1728 – Выселение евреев Лемберга (Львова), Галиция.

1734 – В Польше казацкими гайдамаками убиты 20 000 евреев.

1818 – Убито много евреев Вюрцбурга. Оставшиеся в живых изгнаны.

1821 – Одесса. Начало кровавой серии погромов в России и Украине. До Первой мировой войны в погромах погибают более 100 000 евреев.

1826 – Последние казни испанской инквизиции.

1840 – В результате ложного обвинения пытают еврейских предводителей Дамаска. Некоторые из них умирают.

1859-1871 – Погромы в Одессе.

1864 – Жестокое преследование евреев в Марокко.

1867 – Преследование евреев в Румынии.

1881 – В Киеве убиты 792 еврея. Погром в Елизаветграде.

1882 – Погром в Балте.

1883 – Погром в Ростове-на-Дону.

1891 – Изгнание и ссылка евреев Москвы.

1892 – В Лодзи убиты 20 евреев.

1903 – Погром в Гомеле и Кишиневе.

1905 – В 700 городах России, организация «Черная сотня» устраивает погромы.

1917-1921 – Погромы в более 1200 населенных пунктах России и Украины. Убиты более 30 000 мужчин, женщин и детей.

1919 – Погром в Проскурове. Убиты 1500 евреев.

1919-1921 – Украинская национальная армия совершает более 100 погромов. Убиты много тысяч евреев.

1929 – В Хевроне (Палестина), арабы убивают евреев. Оставшихся в живых изгоняют.

1933-1945 – Нацистским режимом уничтожено 6.25 млн. европейских евреев, из них 1.5 млн. детей до 14 лет:

Польша 3 000 000	СССР 1 500 000
Румыния 275 000	Германия 170 000

Франция 90 000	Латвия 85 000
Югославия 60 000	Бельгия 40 000
Люксембург 3 000	Эстония 1 000
Венгрия 400 000	Чехословакия 300 000
Литва 135 000	Нидерланды 106 000
Австрия 70 000	Греция 65 000
Италия 15 000	Болгария 7 000
Норвегия 900	Дания 50

1936-1939 – В результате арабских беспорядков в Палестине гибнут около 500 еврейских мужчин, женщин и детей.

1941 – Верховный муфтий Иерусалима, Амин эль-Хуссейни, посещает Гитлера в Берлине. Гитлер обещает муфтию уничтожить еврейские элементы на Ближнем Востоке.

1945-1948 – Много жертв в результате арабских нападений и гибели кораблей с еврейскими переселенцами на борту.

1945-1953 – В Чехословакии, в лагерях пытают и убивают немецко-говорящих евреев.

1948 – Война за освобождение против пяти пяти арабских армий. Более 6 000 убитых и 9 000 раненых.

1956 – Война в Суэце. 170 убитых и 700 раненых.

1967 – «Шестидневная война». 800 убитых и 2 600 раненых.

1972 – Теракт на Олимпийских играх в Мюнхене. 11 израильских спортсменов убиты.

1973 – «Война Судного дня». 2 650 убитых и 7 500 раненых.

1982 – «Ливанская война». 574 убитых и 2 780 раненых.

1986 – Теракт в Стамбуле. 21 убитый.

1991 – «Война в Персидском заливе». 74 погибших.

1948-1995 – В Израиле в войнах погибло 18 250 солдат (мужчин и женщин). Стали инвалидами 61 315 человек.

1948-1995 – В результате террора в Израиле погибло более 2 185 евреев (мужчин, женщин и детей). В результате террора Арафата в разных странах погибло 75 израильских дипломатов. С момента подписания мирного соглашения в Осло 13 сентября 1993 года палестинцы убили более 300 израильских мужчин, женщин и детей.

Наполеон – первый сионист

С 17-го по 19-й века сформировался самый сильный за историю антисемитский стереотип. Именно тогда, в эпоху гуманизма и, одновременно, эпоху эмансипации евреев, к стандартным антисемитским претензиям добавился неожиданный призыв. Евреев начали просить, убеждать, умолять вернуться туда, откуда они пришли 2 000 лет назад.

> *Евреи! Потомки Каина и Искариота, оставьте нас, оставьте нас! Пересеките Красное море снова и идите в пустыню, в обещанную землю, которая ждет вас, в единственную страну, которая подходит вам; вы, злой, грубый и бесчестный народ, идите туда!!!*[105]

Не дождавшись от евреев никаких конкретных действий, некоторые, самые нетерпеливые государственные деятели взяли инициативу в свои руки.

Это произошло в Палестине 20 апреля 1799 года.

Под стенами осажденной крепости Акко, главнокомандующий армий Французской Республики в Африке и Азии, генерал Наполеон Бонапарт, выступает с удивительной прокламацией.

Ниже, абзац из этого документа:

Законные Наследники Палестины!

---

[105] Фурье Шарль (1772-1837) – французский философ, социалист-утопист.

Наша великая нация, которая не торгует людьми и странами, как делали те, которые продавали ваших предков всем народам (Иоэль 3,6), ныне призывает вас на деле не отвоевывать ваше наследство, а лишь принять уже завоеванное и удерживать против всех пришельцев, получая гарантии и поддержку нашей нации.

Обращаем внимание читателя, что этот документ появился на свет за 149 лет до провозглашения государства Израиль и за 61 год до рождения основоположника политического сионизма Теодора Герцля (1860-1904).

Получается, что первым сионистом, причем не теоретиком, а практиком, был не австрийский журналист Герцль, а император Франции Наполеон.

А что же евреи? Они не торопились.

Готовность помочь евреям возвратиться на родину проявил президент США Авраам Линкольн (1809-1865): «Вернуть евреев на их родину – это благородная мечта, которую разделяют многие американцы. Я сам уважаю евреев... и не имею возражений против того, чтобы помочь им».

О том, что место евреев в Палестине, приводил веские доказательства главный сионист Герцль: «Во всех местах нашего проживания мы чистосердечно пытались смешаться с другими народами – но они не хотят нас».

Однако эти и другие призывы не убедили евреев,

и они, за небольшим исключением, оставались на месте. Они решили, и решили абсолютно искренне, что только вырвавшись из еврейского гетто, смогут побороть наследие прошлого – антисемитизм. Они верили, что таким образом впервые в истории смогут стать равноправной и неделимой частью человечества.

В свое время еврейские пророки предвидели такую ситуацию, но кто слушает своих пророков.

И задуманному вами – не бывать тому, сказанному вами: «Будем, как другие народы, как племена других стран служить дереву и камню».[106]

Всю свою энергию, нерастраченные способности эмансипированные евреи вложили в свою мечту.

Для того чтобы стать как все, надо сменить внешний облик? Получить светское образование? Завести гувернантку и заняться политикой? Нет проблем. Что, и этого недостаточно? Вы хотите все разделить и не знаете, как это сделать? Не беда, мы поможем.

И евреи помогали, и еще как помогали…

В Западной Европе они становились профессорами, в Восточной – занялись революцией. Как известно, они преуспели всюду. Одна беда – антисемитизм почему-то ни куда не исчез, а наоборот, только усилился. И в Западной Европе, и Восточной Европе, и даже в Америке.

Все-таки прав был первый президент государства

---

[106] Пророки, Йехезкель, 20:32.

Израиль, Хаим Вейцман (1874-1952):

*Главная причина антисемитизма
заключается в существовании евреев.*

Где их любят

Неужели нельзя объяснить антисемитизм стечением обстоятельств? Наваждением? Ну, не может быть антисемитизм законом природы! Приравнять пусть сложное, необычное, но все же социальное явление к закону гравитации? Глупее предположения не бывает.

Ведь что такое закон природы? Это явление, которое существует всегда, всюду и вне зависимости от нашего отношения к нему.

Скажем, гравитация существует всегда и всюду, и человек этот закон отменить не может. Если согласиться даже на секунду, что антисемитизм действительно закон природы, – ведь это означает согласиться с тем, что антисемитизм существует на территории всего земного шара, вне зависимости от поведения находящихся на этой территории евреев. Но ведь это совсем не так.

Все знают, что, например, в Грузии точно никогда не было антисемитизма, и даже, более того, евреи там всегда процветали. А ведь в этой стране евреи живут не 500 лет, как в Америке, и даже не 1.5 тысячи лет, как жили в Испании. Они живут там около 2.5 тысяч лет. Срок просто невообразимый. Выходит, теория лопнула? Значит антисемитизм – это не закон природы?

Прежде чем делать окончательные выводы, обратимся к материалам Электронной еврейской энциклопедии.[107]

---

[107] eleven.co.il

*Сохранились многочисленные
исторические свидетельства о
крепостном состоянии грузинских
евреев на протяжении почти 500 лет.*

*Документы, от начала 17 и до середины 19
веков, свидетельствуют о многочисленных
случаях продажи отдельных грузинских
евреев, целых семей и групп и о
передаче их одним владельцем другому
в покрытие долга или в качестве дара.*

*Еще в 1835 году, спустя несколько
десятилетий после включения Восточной
Грузии в Российскую империю, большая
часть грузинских евреев по-прежнему
проживала в удельных поместьях феодалов,
и лишь незначительная часть, занятая
отхожими промыслами, – в городах.*

Это явление, конечно, можно трактовать по-разному. По крайней мере, другой страны, где евреи находились в аналогичном положении, в те времена, насколько известно, не было. Допустим, это не антисемитизм, а лишь притеснения. Обратимся вновь к энциклопедии.

*Во второй половине 19 века в Грузии
отмечено шесть кровавых наветов, что в
этот период было наивысшим числом не*

только в пределах Российской империи, но и во всем мире. Самым известным из них было обвинение девяти грузинских евреев из городка Сачхери в убийстве, с ритуальными целями, христианской девочки накануне праздника Песах, в 1878 году.

Суд над ними, проходивший в Кутаиси и вошедший в историю под названием «Кутаисского процесса», привлек внимание всего цивилизованного мира. Обвиняемые были признаны невиновными, но тем не менее, уверенность местного населения в том, что евреи пользуются христианской кровью при изготовлении мацы, не была поколеблена.

Другие случаи кровавых наветов в Грузии второй половины 19 века отмечены в 1852, 1881, 1882, 1883, 1884 годах.

В 1895 году евреи Кутаиси подверглись жестокому погрому. В 1913 году шайка, во главе которой стоял заместитель кутаисского губернатора, занималась систематическим вымогательством денег у евреев; некоторые, отказавшиеся платить, были убиты.

А вот выдержки из документа[108] уже советской

---

[108] Архив А.Н. Яковлева. alexanderyakovlev.org

эпохи:

*Коллективное обращение грузинских
верующих евреев в ЦК КПСС
и Совет министров СССР*

01.04.1953

*Некоторые из работников, чинивших
такие безобразия, открыто говорили,
что все евреи будут сосланы на Дальний
Восток, а если кто осмеливался спросить,
чем объяснить такую жестокость, его
моментально арестовывали и держали
несколько дней без санкции прокурора.*

*Они распространяли среди грузин
провокационные слухи о том, что в
Советском Союзе еврейская нация должна
быть ликвидирована, как «вредительская
нация», и эти слухи разжигали вражду
между грузинами и еврейским народом,
между народами, которые 35 лет
живут в братском содружестве...*

*...Нужно отметить, что такое издевательство
над евреями со стороны Мгеладзе,
неслучайно. Он и раньше занимался
гонением евреев. Так, будучи секретарем
Абхазского обкома КП Грузии, разрушил
единственную синагогу в городе. Сухуми.*

195

Как мы видим, антисемитизм был даже в Грузии.

Таким образом, получается, что антисемитизм, как и положено закону природы, действует на территории всего земного шара, где проживают евреи.

А чтобы убрать последние сомнения у тех, у кого они еще остались, добавим, что этот закон действует иногда даже в тех местах, где евреев нет, например, в Японии. Вот что сказал японский премьер-министр Окума Сигенобу:

Евреи во всем мире разрушают патриотизм и здоровые основы государства.[109]

---

[109] Шмаков А. Международное тайное правительство, 1912 г.

И все-таки не едут

И все-таки почему, несмотря на антисемитизм, евреи не едут в Израиль, а если все же едут, делают это без особого энтузиазма? Почему при первом удобном случае они, как говорят на иврите, – «ёрдим» (спускаются), а если говорить попросту – «делают ноги»? По статистическим данным миллион евреев, имеющих израильское гражданство, живут за границей и возвращаться не собираются.

Наблюдается очередной парадокс. С одной стороны, евреи всегда мечтали вернуться с чужбины на историческую родину, а с другой стороны, не хотят оставлять обжитые места, даже несмотря на физическую опасность.

> *Вот уже три года, как я умоляю вас,
> евреи Польши, венец мирового еврейства,
> обращаюсь к вам, неустанно предостерегая
> вас, что катастрофа уже близка.*

> *Волосы мои побелели, а сам я постарел за
> эти годы, ибо сердце мое истекает кровью
> оттого, что вы, дорогие братья и сестры,
> не замечаете вулкана, который скоро
> начнет извергать уничтожающее пламя.*

> *Предо мною стоит ужасное видение.
> У вас все меньше и меньше времени
> на спасение. 1938 год.[110]*

---

[110] Жаботинский В. Е. (1880-1940) – писатель и публицист, один из лидеров сионистского движения, идеолог и основатель ревизионистского течения в сионизме.

Итак, евреи готовы ехать: в Америку, Канаду, Австрию и даже в Германию, но не в Израиль.

Евреи не хотели в Израиль до Катастрофы, не хотели после Катастрофы, не торопятся и сегодня.

В 2011 году, по данным находящегося в Иерусалиме Еврейского университета, в мире проживало 13.75 млн. евреев. Это менее 0.2% населения Земли. Темп прироста еврейского населения составил около 0.65% за год, что составляет 88 тыс. человек. В то же время население земного шара увеличилось на 1.26% и уже перевалило за 7 млрд.

Наибольшее количество евреев, 5.97 млн. живет в Израиле. В США – 5.46 млн. В Европе – 1.43 млн. Количество евреев в Израиле за 2011 год сократилось на 10 тыс. человек.

Около четверти населения Израиля составляют выходцы из бывшего СССР. История их приезда очень показательна.

В начале 70-х годов прошлого века неожиданно приоткрылся советский «железный занавес». Евреи получили израильские визы и все как один устремились, как было тогда принято говорить, на историческую родину. Однако уже через несколько лет все меньше отъезжающих в Израиль стало прибывать в пункт назначения. Большая часть из них направилась в США. К 1979 году уже две трети не доехало до Израиля. В течение десятилетия, с 1979 по 1988 год, из 117 тысяч, выехавших из СССР, до исторической родины добралось лишь 33 тысячи человек.

Надо было развалить до основания Советскую

империю, максимально ограничить американскую квоту, чтобы все-таки вынудить евреев отправиться в Израиль. И все-таки, почему евреи не едут в Израиль?

Кто создал Израиль

Вся современная история возрождения и заселения страны выглядит иррационально.

Чтобы признать еврейское государство, американскому президенту Гарри Трумэну пришлось преодолевать сильнейшую конфронтацию в Белом Доме. Госдепартамент, государственный секретарь, министр обороны – все были против.

Сталину, в свою очередь, если и пришлось преодолевать конфронтацию, так только со своими личными антипатиями. Большая политика вынудила Сталина сделать больше других лидеров мировых держав, чтобы в 1948 году на карте мира появился Израиль.

Показательно, что относительно признания вновь созданного государства, между великими державами даже разгорелось соревнование.

Президент Гарри Трумэн объявил о признании Израиля уже через 11 минут после декларации Бен Гуриона о создании страны. Вместе с этим это было признание «де-факто», что не подразумевало полных дипломатических отношений.

СССР, в свою очередь, признал Израиль «только» через два дня, но зато сразу «де-юре». Таким образом, СССР был первой страной, установившей с Израилем официальные дипломатические отношения. США сделали такой же шаг лишь в 1949 году.

И еще. Сразу после провозглашения государства, когда началась война с арабскими странами, именно СССР обеспечил поставку оружия Израилю через

Чехословакию. В то же время США объявило эмбарго на поставки оружия на Ближний Восток.

Историки говорят, что лишь особый, неожиданно возникший двухмесячный временной коридор в тогдашней международной обстановке позволил возникнуть государству. Складывается ощущение, что Израиль появился не благодаря желанию мирового сообщества, а наоборот, – вопреки.

С момента своего создания, государство находится под постоянным политическим и военным давлением. ООН раз за разом принимает очередную антиизраильскую резолюцию. Идеологии целых стран направлены на уничтожение Израиля. Разве не удивительно, что целые нации объявляли целью своего существования уничтожение еврейского народа, а теперь уже – еврейского государства. И что самое поразительное – за Израилем не признают права на существование не только арабы, но и сами евреи.

Нам не нужен Израиль для влияния на арабский мир. Наоборот, Израиль причиняет нам больше вреда, чем пользы в арабском мире.[111]

Подведем итоги. Евреи ехать в Израиль не хотят, но едут. Государство Израиль возродилось неожиданно и вопреки всему. Все это выглядит очень странно.

---

[111] Киссинджер Генри. Бывший государственный секретарь США. Родился в 1923 г. в ортодоксальной еврейской семье, которая в 1938г., спасаясь от нацистских преследований, эмигрировала из Германии в США.

Набор таких «случайностей» наводит на мысль о существовании некой закономерности.

Очень похоже, что за всем этим стоит некий план. Вопрос в том, какова конечная цель этого плана и кто за этим планом стоит.

Менее всего, конечно, можно было бы объяснить историческую судьбу еврейства с точки зрения материалистического понимания истории. Мы тут прикасаемся к тайне истории.[112]

---

[112] Бердяев Н. А. (1874-1948) – русский философ и публицист.

Кто любит Израиль

Поставленные вопросы требуют ответов. А что говорят по поводу возвращения евреев на историческую родину источники.

Исраэль не вернется на свою землю, пока не будут все в едином братстве.[113]

Что-то не стыкуется. Утверждается, что евреи якобы не возвратятся до тех пор, пока не станут единым сообществом. Между тем, мы видим, что евреи, хотя и не все, но возвращаются и, при этом, никакой тенденции к объединению мы не наблюдаем. И вообще, кому придет в голову требовать от них объединения, дай бог, чтобы вообще приехали.

Все верно. Приезжать, они приезжают, вопрос в том, что происходит после. И вот здесь вырисовывается интересная картина. Некоторые из прибывших через какое-то время, неожиданно для всех и, прежде всего, для самих себя переезжают в другие страны или возвращаются обратно – откуда приехали.

В настоящий момент в СНГ проживает около 60 тысяч бывших жителей Израиля. К этому можно добавить еще многих других, которые, что называется, «сидят на чемоданах». То есть они хотели бы уехать, но пока по разным причинам этого сделать не могут.

Вместе с этим, существует и другая крайность. Есть много людей, и далеко не все из них евреи, которых

---

[113] Мидраш Шимони вэ-Икра, 23.

Израиль чем-то непреодолимо влечет. Приехав, они чувствуют, что приехали домой и даже на секунду не допускают мысли, чтобы покинуть страну. Откуда у людей такое странное желание, в чем тут дело?

Каббалисты так объясняют это явление:

> *...каждого, имеющего тягу к тайнам Торы, притягивает земля Израиля.*[114]

---

[114] Бааль Сулам. Статья к завершению Книги Зоар.

Коммунистическая страна

На сегодняшний день общая тенденция такова. Несмотря на то, что Израиль выглядит вполне благополучно, люди едут сюда не очень охотно. Интересно, а что двигало людьми, которые строили Израиль? Тогда, когда там, кроме жары и малярийных болот, не было ничего? Как они сумели выстоять в тех нечеловеческих условиях?

Оказывается, первые переселенцы, приехавшие в Святую землю, начали свою деятельность с... коммун.

В начале прошлого века халуцим (первопроходцы), прибывшие в находившуюся под английским управлением Палестину, занялись построением особых, не имеющих аналога в мире, сельскохозяйственных поселений – кибуцев.

Кибуцы – это сугубо израильское явление. В них воплотилась коммунистическая мечта о жизни в коммунах с общностью имущества и равенством в труде и потреблении. Представляем несколько пунктов из устава первого кибуца Дгания, основанного в 1909 г.:

- *Общая обязанность трудиться;*
- *Коммунистическая жизнь при равных условиях жизни в группе;*
- *Равенство прав в сообществе и в хозяйстве;*
- *Ответственность каждого и ответственность по отношению друг к другу;*

- *Дисциплина во всех сферах хозяйства и в общинной жизни;*

- *Отказ от использования наемного труда в хозяйстве;*

Как видите, это коммунизм практически в чистом виде.

Появление кибуца, конечно, можно объяснить естественным стремлением людей к объединению в тяжелых климатических условиях, при острой нехватке средств и враждебном отношении местных жителей. С другой стороны, напрашивается вопрос: «Зачем впадать в такие крайности?» Для того чтобы выжить и процветать, совершенно было не обязательно взваливать на себя «неподъемный» коммунистический устав. Пример американских поселенцев-пионеров доказывает, что вполне можно справиться с подобного рода проблемами и без коммунистических уставов.

Особенно поражает, что коммунистический образ жизни поселенцы приняли на себя добровольно. Вспомним, как создавались дальние родственники кибуцев – колхозы. Что только не было пущено в ход, чтобы проект состоялся: раскулачивание, искусственный голод, «перековка» в Гулаге и т.д. При всем при этом, колхозный устав был несравнимо «мягче» кибуцного.

А теперь посмотрим на результаты этих экспериментов.

Кибуцы, созданные намного раньше колхозов,

существуют и процветают поныне. Колхозы, как известно, превратились в воспоминания. Не будем скрывать, что сегодняшние кибуцы мало похожи на те, первые. Тем не менее, многое в укладе жизни кибуцев осталось практически без изменений по сегодняшний день.

Каким же образом кибуцникам удалось то, что до сих пор не удалось никому? Ответ нам дает каббалист Бааль Сулам в статье «Освобождение»:

Объединиться по закону взаимной любви народу Израиля помогли духовные постижения предков-каббалистов, затем четырехсотлетний египетский плен – это вынудило народ принять условие «возлюби ближнего как себя».

Лейтенант Ицик

Как бы там ни было, факт столетнего существования кибуцев доказывает, что идея объединения евреям не чужда.

Еще одна тема – близкая к теме объединения – равенство. То есть то, без чего невозможно никакое, в том числе, и кибуцное, объединение.

Идеи равенства иногда принимают в Израиле своеобразные, если не гротескные формы. Например, в ЦАХАЛЕ (Армии Обороны Израиля) нередко можно видеть, как солдаты обращаются к офицерам, не обращая внимания на субординацию, просто по имени и к тому же в ласкательной форме. Не «господин лейтенант» и даже не Ицхак, а по-простому, как к другу детства – Ицик.

Даже главу государства, Биньямина Натаньягу, официальные СМИ иначе, как Биби, не называют, и это считается в порядке вещей. В русском варианте, это все равно, что Владимира назвать даже не Вовой, а Вовчиком или Вованом.

К вышесказанному добавим, что в языке иврит вообще отсутствует обращение к собеседнику на «вы».

Все эти факты не случайны. Отсутствие в еврейском народе господ и рабов, внутреннее стремление к объединению, ощущение всеобщего равенства, вместе с уважительным отношением к мудрецам при одновременном пренебрежении к «денежным мешкам», – вытекает из одного корня. Евреи – это народ идеи.

*...жених этот, большой грамотей, хорошо
разбирается в мелких буковках, а это для
меня и подавно великое дело – терпеть
не могу невежд! Для меня невежда в
тысячу раз хуже шалопая! Можете ходить
без шапки, хоть головой вниз, ногами
кверху, но если вы знаете толк в Раши,
то вы для меня – свой человек.*[115]

У этого еврейского, если можно так сказать, пани-братского отношения к жизни есть и обратная сторо-на. В глазах других народов такое поведение выгля-дит не только странным, но и часто отталкивающим. Аристократов прошлого удивляло мгновенное пере-воплощение евреев. Сегодняшний бедняк, оборва-нец, чуть разбогатев, менял лохмотья на фрак и уже выглядел, как настоящий лорд.

На самом деле удивляться тут нечему. Вечная идея равенства, впитанная с молоком матери, с одновре-менным пренебрежением к преходящим условностям, обусловливали такое поведение. Кстати говоря, в этом также заключается секрет еврейского юмора и иронии.

*Возьмите русского еврея у себя на месте, в
грязном лапсердаке, с пейсами, дайте ему
месяц сроку, чтобы пообчиститься, – и он
усядется в ложе в большой опере с апломбом*

---

[115] Шолом-Алейхем. Тевье-молочник.

какого-нибудь Стерна или Гинцбурга.[116]

Пришло время делать выводы.

Идея объединения нашла свое воплощение в Израиле в виде кибуцев. Без внутреннего естественного стремления, склонности людей к коллективной жизни и деятельности, кибуцы не смогли бы существовать на протяжении уже более ста лет.

Далее. Характер отношений между людьми в Израиле отличается своеобразной фамильярностью, совершенно неприемлемой в других странах. Эти и другие факты указывают на потенциальную готовность к объединению. Факт этой особой внутренней общности всегда ощущали неевреи и совершенно искренне отрицали евреи.

*Легендарная «еврейская солидарность»
существует и будет существовать
вечно – в мыслях неевреев.[117]*

Еврейская солидарность почему-то всегда вызывала и вызывает неприятие народов мира. Понятие «кагал» (сообщество) народы, иначе, чем в нарицательном смысле, не используют. Может быть, от евреев ждут другого, какого-то особого объединения?

Вопрос только в том: «Много ли удастся

---

[116] Эдуард Дрюмон. Еврейская Франция, 1999. С.6

[117] Менахем Бегин (1913-1992) – бывший премьер-министр Израиля.

210

*сделать этим новым, хорошим людям
из евреев, и насколько сами они
способны к новому и прекрасному делу
настоящего братского единения?»[118]*

Остался еще один, последний вопрос: «С какой целью евреев кто-то или что-то собирает в Израиле?»

Альберт Эйнштейн, по сути, повторяет слова каббалистов:

*Израиль – единственное место на
Земле, в котором евреям можно
организовать общественную жизнь по
унаследованным ими идеалам.[119]*

---

[118] Достоевский Федор Михайлович (1821-1881) – русский писатель.

[119] «Einstein sagt. Zitate, Einfaelle, Gedanken». Muenchen, Zuerich: Piper Verl., 2001. C.110.

Глава 7
РЕАЛИЗАЦИЯ ПРЕДНАЗНАЧЕНИЯ

Актуальность пророчеств

Почему пророчества относительно Израиля стали по-настоящему актуальными только в 20-м веке? Почему именно в 20-ом веке возродился Израиль, и началось его массовое заселение?

Причина этого кроется, как ни парадоксально это звучит, в глобальном мировом кризисе.

Какая может быть связь между этими, на первый взгляд абсолютно несвязанными, явлениями?

Для начала вернемся в Вавилонию эпохи Авраама, в те времена, когда произошел первый мировой кризис в истории.

Правильнее сказать, что это был не мировой кризис, а региональный. Однако суть дела от этого не меняется. Тогда, впервые в истории сложилась ситуация, когда в результате внутреннего, а точнее социального фактора, разрушилась не поселение, город или государство, – а целая цивилизация.

Из книги В. Хачатурян «Судьбы человечества»:

Едва ли не впервые эту проблему досконально проанализировал арабский мыслитель и политик XIV – нач. XV вв. Ибн Халдун. В своем монументальном труде «Мукаддима: введение в историю» он предложил теорию политических циклов, связывая расцвет и падение государств или правящих династий с уровнем солидарности, которую обозначил словом асабия (в буквальном переводе с арабского – «чувство группы», «участие в общих делах).

Еще раз повторимся, что это был не финансовый или политический кризис, а именно социальный. Таким образом, это первый случай, когда развитый, социальный организм перестал функционировать вследствие внутренних проблем. Речь идет о кризисе в отношениях между членами общества, вследствие естественного роста потребностей (эго).

Авраам пытался помочь вавилонянам справиться со сложившейся ситуацией. Он предложил им свою методику преодоления кризиса, но вавилоняне решили, что для них будет проще разойтись по земле…

Поскольку процесс расширения рынков ограничен размерами Земли, то научно-технический прогресс, в своей нынешней модели, принципиально ограничен во времени, – он неминуемо должен рано или поздно закончиться![120]

С тех пор прошло около 3 800 лет. Человек расселился по всей планете, и идти больше некуда. Мир стал глобальным и интегральным. Разразившийся глобальный кризис сотрясает планету. Если в Вавилонии речь шла о региональном кризисе, то сегодня мы находимся на пороге планетарной катастрофы.

---

[120] Хазин М.Л. (род. 1962) – российский экономист, публицист.

Каприз судьбы

Все, что происходит сегодня, это не случайность и не каприз судьбы. Мы находимся под управлением законов природы. Проблема в том, что мы эти законы не знаем, в отличие от Авраама, который эти законы не только знал, но и брал в расчет. Нам по наивности кажется, что мировой кризис возник в результате каких-то ошибок. Авраам знал, что мировой кризис неизбежен. Поэтому свою методику адаптации человека к окружающему миру он и отправил в будущее с созданным для этой цели народом.

Один из способов подвести итог 4 000 лет еврейской истории состоит в том, чтобы спросить себя: а что бы произошло с человеческим родом, если бы Авраам не был человеком высокой прозорливости, или если бы он оставался в Уре, придерживал свои идеи при себе, и никакого специфического еврейского народа не возникло.

Несомненно, что мир без евреев отличался бы от мира нынешнего радикальнейшим образом.[121]

Несмотря на такое авторитетное мнение, мы отдаем себе в отчет, что версия, которую мы повторяем в этой книге уже не первый раз, выглядит, по меньшей

---

[121] Джонсон Пол (род. 1928) – английский ученый и историк.

мере, необычной. Здравый смысл подсказывает, что место этой истории в разделе восточных мифов и легенд. Однако есть один факт, мимо которого просто так не пройдешь. Речь идет о появлении в середине 20-го века государства Израиль.

С этим фактом приходится считаться, тем более что это событие, произошедшее в 1948 году, было спрогнозировано каббалистами около 2.5 тыс. лет назад!

Несколько слов по поводу предсказаний. Как известно, это дело неблагодарное. Предсказания почти никогда не переходят в разряд прогнозов, разве что речь идет о прогнозе погоды, да и то не больше, чем на недельный срок. Что касается долгосрочных предсказаний, практически всегда они требуют дешифровки и интерпретаций, как в случае с Нострадамусом.

В этом смысле библейские пророки стоят особняком – их предсказания сбываются.

Как им это удается? Каббалист М. Лайтман[122] объясняет это так:

Пророк находится на такой высокой духовной ступени, что видит весь этот фильм от начала и до конца. Я нахожусь в каком-то кадре, но он видит все снимки, и до, и после – ведь они все уже готовы.

Не добавить и не убавить.

Таким образом, речь идет не об особой интуиции

---

[122] Лайтман Михаэль (род. 1946 г.) – основатель и президент Международной академии каббалы и ARI institute.

или мистическом озарении.

К сожалению, подобно древним вавилонянам, мы продолжаем строить нашу жизнь лишь на здравом смысле или газетных гороскопах. Нас не учит печальный опыт древности, когда неожиданно для вавилонян развалилась их империя, и не учит опыт современности, когда неожиданно для советских людей развалился СССР.

Что касается прогнозов каббалистов по поводу событий, которые произойдут в далеком будущем, они дошли до нас не только в устном, но и в письменном виде. Складывается ощущение, что они эти события даже не предвидели, а спланировали…

> *…возвращу Я из плена народ Мой,*
> *Исраэль и Йеуду, – сказал Г-сподь, –*
> *и верну Я их в страну, которую Я дал*
> *отцам их, и будут они владеть ею.*[123]

---

[123] Пророки, Йермияу, 30:3.

Неувязка

Ну, хорошо, предположим, что все так и есть: и методика Авраама, отправленная в будущее, и запланированное каббалистами возрождение Израиля, и даже возложенная на еврейский народ миссия преодолеть мировой кризис. Но ведь эти два события – заселение Палестины и мировой кризис – не совпадают по времени.

Палестину начали активно заселять еще в начале 20-го века, а мировой кризис произошел совсем недавно в 21-м веке. Выходит, эти события не связаны и, следовательно, возрождение Израиля и возвращение еврейского народа никакого отношения к мировому кризису не имеют.

Действительно, неувязка. Прежде чем делать окончательный вывод, давайте уточним – а когда на самом деле начался мировой кризис?

Оказывается, выяснить это совсем не трудно. После десятиминутного поиска в Интернете узнаем, что на самом деле мировой кризис начался еще в первой половине ...прошлого века.

Приведем несколько фактов.

В самом начале 20-х годов прошлого века, Уинстон Черчилль, ставший впоследствии премьер-министром Великобритании, начал писать военные мемуары, которые так и назывались «Мировой кризис». Интересно, что в этот период, а точнее в 1922 году, именно по инициативе Черчилля, занимавшего тогда пост министра колоний, Палестина получила статус еврейской национальной территории.

А теперь перейдем к главному аргументу, подтверждающему факт давности мирового кризиса. Вспомним Великую депрессию, разразившуюся в 30-х годах 20-го века.

Из Википедии:

Великая депре́ссия (англ. Great Depression) – мировой экономический кризис, начавшийся в 1929 году и продолжавшийся до 1939 года. Однако мир выходил из депрессии вплоть до 1945 года. Поэтому 1930-е годы в целом считаются периодом Великой депрессии.

Лакмусовая бумажка

Тема глобального кризиса, охватившего планету, с каждым днем захватывает все большую информационную территорию мировых СМИ.

Кризис экономики, экологии, семьи, воспитания... а главное, кризис взаимоотношений между людьми – все это лихорадит человечество. В разных странах он имеет свою специфику. Однако уже все больше специалистов и неспециалистов склоняются к выводу, что именно человек – главная и, возможно, единственная причина кризиса.

Концепция Авраама уточняет причину возникших проблем: причина кризиса не просто человек, а взаимоотношение между людьми.

Именно в этой области – создании правильных человеческих отношений – Авраам сделал свое открытие. Его экспериментальная группа, ставшая впоследствии еврейским народом, способствовала прогрессу цивилизации и одновременно разбудила невиданную в истории стихию, охватившую все человечество. Это природное явление называется – антисемитизм.

Антисемитизм, словно лакмусовая бумага, определяет внутреннее состояние еврейского народа. Любой процесс разобщения народа ведет к усилению антисемитизма, а процесс объединения – к его спаду.

...когда вернется единство Исраэля к первоначальному состоянию, не будет

больше у Сатана[124] никакой возможности привносить в них ошибки и внешние силы, поскольку, будучи как один человек с одним сердцем, они становятся несокрушимой стеной перед силами зла.[125]

А если посмотреть шире? Разве только еврейский народ страдает от раздирающих его противоречий? Ведь объединение – это именно то, в чем особенно сейчас нуждается человечество.

Это действительно так, и решение проблем человечества находится в руках еврейского народа. Антисемитизм – это тяжелое оружие природы, направляющее еврейский народ к выполнению того, ради чего он был создан.

…народ Израиля выполняет здесь роль «проводников». В той мере, в которой, с помощью этой методики, соединяется сам народ Израиля, он передает эту методику достижения вечности и совершенства остальным народам, обучит ею народы мира, как сказано: «И все познают меня, от мала до велика».[126]

---

124 От ивр. глагола «листот» (уводить). Желание человека, уводящее с избранного пути. М. Лайтман. Постижение высших миров.

125 Шем ми-Шмуэль, Вэикаэль.

126 Бааль Сулам. Любовь к Творцу и любовь к творениям.

Мировой кризис

Каббалисты предвидели мировой кризис уже тысячи лет назад. Однако нас, по большому счету, интересует не древние предсказания, а происходящее с нами сегодня. Неужели действительно все так плохо? Мировой кризис 30-х годов благополучно закончился, может быть, и на этот раз пронесет?

Судя по тому, что происходит, – вряд ли. Ниже краткий обзор сложившейся ситуации в виде новостной ленты.

Финансы.
Кристин Лагард, директор-распорядитель МВФ (международный валютный фонд) заявила, что выздоровления мировой экономики США и Европы не предвидится. Ожидается скорый и неизбежный рецидив всемирного кризиса 2008 года.

Депрессия.
Более 30 млн. европейцев страдают от депрессии. Немцы – 61%, датчане – 60% и британцы – 58%. Стоимость депрессии в 2010 году в ЕС €92 млн. Депрессия вынудила каждого десятого европейца взять отпуск.

Самоубийства.
Из-за финансового кризиса у многих европейцев стали сдавать нервы. В Греции, которая уже пятый год находится в состоянии рецессии, количество самоубийств за последний год возросло на 40%. В

Италии жены покончивших с собой бизнесменов провели демонстрацию.

Нехватка продовольствия.
Сообщение Independent: 25% детей в мире недоедают, 300 детей в час умирают от голода. 170 млн. детей в возрасте до 5 лет (Пакистан, Бангладеш, Индия, Перу, Нигерия) не развиваются должным образом из-за недостатка еды. Каждый шестой родитель в мире не в состоянии купить мясо, молоко, овощи. В ближайшие 15 лет полмиллиарда детей физически и умственно не разовьются, вследствие недоедания…
Вопрос не в наличии продовольствия, а его доступности. На Земле достаточно еды для каждого человека. Если ее поделить поровну, то каждому из нас досталось бы по 3 000 калорий в день.

Перенаселение.
На территории, до 39% Земного шара, вскоре возникнут условия, с которыми живые организмы еще не сталкивались. Причина – давление человеческого рода на планету. Для удовлетворения потребностей 7 миллиардов человек уже задействованы 43% экосистем Земли.

Экология.
Деятельность человека вызывает климатические и экологические проблемы. Например, авария British Petrolleum влияет на Гольфстрим, Гольфстрим, соответственно, – на климат в Европе и во всем мире.

Министерство по чрезвычайным ситуациям России отмечает в 2012 году существенный рост числа погибших в результате природных катастроф – почти в 93 раза выше показателя прошлого года.

Безработица.

Массовая безработица молодежи в ЕС приняла структурный характер, достигнув 23%. В Греции 54%, в Испании 53%, в Италии, Португалии и Ирландии – более 30%.

Происходит формирование потерянного поколения – мощной социально-политической группы, возлагающей решение своих материальных проблем на государство, то есть на своих же сограждан.

Образование.

Российский журнал «Современные проблемы науки и образования» провел широкий опрос молодых людей, окончивших школу.

Оказалось что: 68% опрошенных не обладают положительным мировоззрением, 57% не понимают, что они собою представляют, каково их подлинное назначение в мире, каковы подлинно человеческие ценности.

Наиболее актуальные проблемы: 69% – уход в виртуальный мир, 67% – наркомания, алкоголизм – 64.5%, насилие – 61%, одиночество – 53%, проблемы в общении со сверстниками, отсутствие самореализации – 47%, пассивность – 38%, незапланированная беременность – 24%, суицид – 12%.

Авторитетный прогноз

Да, мировой кризис – это уже факт, не требующий доказательств. Но ведь есть специалисты. Они управляют мировыми финансами, они строят «Евросоюзы». Наверняка они знают, как справиться с мировым кризисом.

Прогноз Жака Аттали, ведущего финансиста мира и архитектора ЕС:

«Истощенные финансово и политически США перестанут руководить миром. Всё начнется с демографического потрясения.

Человечество будет стареть. Рынок возьмет верх над демократией. Предприятия не будут больше иметь никакой национальной принадлежности, законы будут заменены контрактами, правосудие – арбитражем, полиция – наёмниками.

Экономика будет становиться все более экономной в потреблении энергии и воды. Ресурсы станут все более редкими, роботы – все более многочисленными.

Время будет полностью поглощено использованием товаров.

Прозрачность будет обязательна; тот, кто захочет скрыть информацию о своем имуществе, нравах, состоянии здоровья или уровне образования, попадет в разряд подозрительных.

Никто не будет больше лоялен никому, кроме самого себя. Человек превратится в артефакт, потребляющий другие артефакты, в каннибала.

Начнутся перманентные войны, поскольку нации,

пираты, наёмники, мафии, религиозные движения получат доступ к новому оружию и инструментам наблюдения и устрашения, смогут использовать возможности электроники, генетики, нанотехнологий. Будут сражаться за нефть, за воду, за территорию, за то чтобы установить веру, ниспровергнуть веру, разрушить Запад или утвердить его ценности.

Климат станет почти невыносимым, население будет вести борьбу за территории.

Военные диктатуры, опирающиеся на армию и полицию, придут к власти. Разразится самая губительная из всех войн – гиперконфликт.

К 2060 г. или раньше (если, конечно, человечество не исчезнет под потоком бомб) человечество не сможет больше мириться ни с какой гиперимперией, ни с гиперконфликтом. Новые, альтруистические силы, которые действуют уже сегодня, придут к власти в мировом масштабе в виде необходимости экологической, этической, экономической, культурной и политической. В результате их восстания образуется гипердемократия».

По крайней мере, к 2060 году ожидается что-то положительное. И на том спасибо.

Как побороть кризис

Мировой кризис, охвативший все области человеческой жизни, требует принятия немедленных мер. Лучшие умы находятся в непрерывном поиске решений, однако до сих пор ничего радикального не предложил никто. Вместе с этим в анализе ситуации и в направлениях поиска решений просматривается определенная тенденция.

Глава МВФ Кристин Лагард: «В сегодняшнем взаимосвязанном мире мы больше не можем себе позволить смотреть только за тем, что происходит в наших национальных границах. Этот кризис не признаёт границ, он стучится в двери каждого».

Действительный член Российской Академии космонавтики Л. М. Гиндилис: «Если говорить о планете, как о едином организме, она явно болеет. Проблема в том, что критическая точка не за горами, мы уже вступили в переходную фазу. Из нее может быть несколько путей, включая самоуничтожение и гибель биосферы. Какой путь выберет человечество – зависит от его свободы воли. Пора переходить от эгоистического мышления к планетарному.

Человечество должно найти в себе силы изменить собственное сознание, отказаться от идеологии потребительства, перейти от вражды к сотрудничеству. Сейчас мы свернули с предназначенного пути и встали на путь индивидуализма и разъединения. Нам говорят, что конкуренция – двигатель прогресса. А разве органы человеческого тела конкурируют между собой?»

Генеральный секретарь ООН Пан Ги Мун подчеркнул, что нынешний путь развития – тупиковый. Уже сейчас перед миром стоят проблемы нехватки продовольствия и чистой воды, загрязнения окружающей среды и перенаселенности городов, роста эмиссий парниковых газов и последствий изменения климата.

Действительный член Международной Академии прогнозирования Е. А. АБРАМЯН: «Семь миллиардов человек, живущих на планете, должны начать действовать сообща для достижения разделяемых всеми целей. А для того, чтобы начать так действовать, надо изменить соответственно и воспитание, и, в конечном счете, сознание».

Духовный лидер буддистов Тибета Далай-лама XIV призвал «научиться думать о человечестве как о едином целом. Это действительно необходимо. На планете сегодня живет 7 миллиардов людей. И все люди в основе своей одинаковы, наша голубая планета – одна на всех. Границы, разделяющие нас на политических картах, вторичны».

Итак, мыслящие люди говорят, что нынешний путь развития тупиковый, поскольку привел к кризису. С этим не поспоришь. Основную проблему они видят в эгоистическом мышлении человека. Замечено абсолютно точно. Выход из сложившей ситуации находится во всеобщем объединении. Замечательно.

Остается только нерешенным вопрос, а как к этому прийти?

Решение

*Будущее человечества зависит от того,
будут ли соединены в мире движение
духовное и движение социальное,
будет ли связано создание более
справедливых и более человеческих
обществ с защитой духовных ценностей,
с духовной свободой, с достоинством
человека, как духовного существа.[127]*

Как мы видим, мир все больше склоняется к идее объединения. К этому подталкивает не сам кризис, а невозможность решить проблемы, которые во время кризиса обострились. Попытки справиться с кризисом прежними методами раз за разом приводят к неудачам. Методы, которые работали раньше, не помогают, а лишь затушевывают и оттягивают окончательный крах. Для многих специалистов это секретом не является, и об этом они заявляют во весь голос. Многие из них говорят о человечестве, как едином целом, однако, как подступиться к этому, они не знают.

С другой стороны, у еврейского народа, как ни у кого другого, есть все предпосылки, чтобы объединиться, не говоря уже, что они к этому невольно подготовились.

---

[127] Бердяев Н. А. Кризис интеллекта и миссия интеллигенции.

...на нас возложено быть хорошим примером для мира, поскольку мы пригодны для этого более, нежели другие народы; не потому, что мы идеалистичнее их, а потому что мы страдали от деспотии более их всех.[128]

В очередной раз возникает вопрос, как это сделать? В СССР и других социалистических странах пытались построить общество на принципах равенства и братства. Как мы знаем, этот эксперимент провалился.

Не секрет, что среди первых строителей социализма было большое количество евреев. И это не случайно. Внутреннее стремление к равноправию, помноженное на многовековый антисемитизм, выдвинули евреев в авангард социалистического движения. Кроме всего прочего, евреи были уверены, что построив социализм, они навсегда избавятся от антисемитизма. Но они ошиблись. Как относительно социализма, так и относительно антисемитизма.

Антисемитизм встретишь и на базаре, и на заседании Президиума Академии наук, в душе глубокого старика и в детских играх во дворе.

Антисемитизм, без ущерба для себя, перекочевал из поры лучины, парусных кораблей и ручных прялок – в эпоху реактивных двигателей, атомных реакторов и электронных машин.[129]

---

[128] Бааль Сулам. Решение.

[129] Гроссман Василий Семенович (1905-1964) – советский писатель.

Заветная формула

Известно, что причина любых ошибок кроется или в оплошности или в незнании. К сожалению, часто знания, основанные на нашем опыте, оказываются ошибочными, а знания, основанные на нашей логике – заблуждением. За примерами далеко ходить не надо. Это антисемитизм и социализм.

Где же выход? Конечно, в знании. Кто поставщик наших знаний? Как известно, это наука. Проблема состоит в том, что формулы социальных явлений науке неизвестны. Отсюда и результаты социальных экспериментов.

Так все-таки, где же выход? Очевидно, обратиться к тем, у кого эти формулы есть. Например, к каббалистам. Вопрос, насколько они компетентны. Оказывается, что они сделали точный прогноз не только относительно антисемитизма, но и относительно социализма.

Интересны в этом смысле исследования[130] каббалиста Бааль Сулама, проведенные им еще в 20-40-х годах двадцатого века, – тогда, когда видные ученные и мыслители всего мира с надеждой и воодушевлением воспринимали все, происходящее в СССР.

Режим принуждения, характерный для советских стран, нельзя видоизменить. Когда же его захотят сменить на подлинно коллективный строй, пропадет стимул у работников и не смогут

---

[130] Бааль Сулам. Решение.

трудиться, и разрушат этот режим.

Эта фраза точно предсказывает и подытоживает результат горбачевской перестройки.

На основании знания природы человека Бааль Сулам объясняет появление той прослойки в коммунистическом государстве, которая называлась «номенклатура».

И нет от этого иного средства, кроме как увеличить чиновникам стимул, в мере, достаточной для столь трудной работы – работы палача. Иными словами, дать им оплату в несколько раз бо́льшую, чем у простого работника. А поэтому не удивляйся тому, что в России чиновникам платят в 10-50 раз больше, чем простому работнику. Ведь их старания больше, чем у простого работника, в 10-50 раз. Если же им не предоставят достаточной оплаты, они вынуждены будут пренебречь своим надзором, и государство развалится.

О коммунистических методах правления и удержания власти Бааль Сулам знал задолго до их применения на практике.

В такой стране, где коммунисты будут править антикоммунистами, начальники обязаны следить за тем, чтобы у граждан не было возможности обнаружить применяющуюся к ним несправедливость и угнетение. Поскольку все рабочие места будут под контролем начальства, оно предпишет печатникам не печатать, а ораторам не высказывать и не выражать никакой критики своих действий. Наоборот, они будут обязаны лгать и прикрывать начальство, изображая рай на земле. И никогда не выйдет на свет их беда. А если начальству по какой-либо причине не понравятся меньшинства, оно сможет стереть их с лица земли, без стыда и без опасений перед внешней оглаской.

Что касается следующей цитаты – трудно поверить, что ее автор никогда не жил в Советском Союзе.

Если спекулянты и торговцы станут распределителями благ, то потребители превратятся в получателей милостыни и подаяния от распределителей, которые будут поступать с ними по собственному произволу, или в мере страха перед управляющими.

О борьбе советского народа за мир во всем мире Бааль Сулам высказался тоже вполне определенно.

Коммунизм не в силах обеспечить мир в мире. Ведь даже если примут все народы

мира этот коммунистический режим,
все еще не появится никакой причины,
обязывающей к тому, чтобы народы,
богатые средствами производства,
сырьем и атрибутами цивилизации,
поделились с бедными народами сырьем
и средствами производства поровну.

Уже не секрет, что все проблемы человечества кроются в его эгоистической природе. Попытки изменить ситуацию продолжаются на протяжении всей человеческой цивилизации. Этим занимается религия, этим занимается и наука. Результаты этих попыток известны и не нуждаются в комментариях, однако эксперименты в этом направлении продолжаются и поныне. Изобретены альтруистические таблетки на основе гормона окситоцина. Идут поиски гена альтруизма и попытки изобрести детектор для борьбы с закоренелыми эгоистами. Не прекращаются попытки найти в мозгу участок, ответственный за эгоистическое поведение человека.

А ведь на самом деле мы ломимся в открытую дверь. Каббалисты давно разработали методику, способную сбалансировать природу человека со всей остальной природой. Методика не переделывает человека – она запускает силу, создавшую все мироздание. Эта сила выводит человека на другой, более совершенный уровень.

Кто победит кризис

Таким образом, мы стоим перед неразрешимой дилеммой. С одной стороны, человечество понимает, что рано или поздно оно должно объединиться, а с другой стороны, все предпринятые по сегодняшний день попытки или уже провалились, или стоят на грани провала. Речь идет не только о построении социализма. Последний пример – Евросоюз.

Не от хорошей жизни европейские страны пошли на этот шаг. Глобальные законы развития мира вынудили их это сделать. Сегодня, по прошествии 20 лет, уже все понимают, что эксперимент провалился.

Что делать теперь? Может быть, поступить следует так:

В первую очередь отбросить прежние примитивные представления о том, что индивидуализм – двигатель прогресса. Рассматривать ситуацию в свете всеобщей взаимозависимости и обоюдного влияния.

Один из примеров нового мышления подал генеральный директор ВТО, Паскаль Лами, в своей лекции, прочитанной в Центре стратегических и международных исследований в Джакарте, 14 июня 2011 года. «Реальная проблема, – сказал он, – заключается в изменении нашего образа мыслей, а не только в изменении наших систем, учреждений или политики. Будущее – за большей глобализацией, за бóльшим сотрудничеством и взаимодействием между народами и культурами, за разделением ресурсов и ответственности. В нашем глобальном разнообразии мы должны проявить единство».

Новый мир толкает людей друг к другу, требует от них заботы, участия и социальной солидарности вместо агрессивной конкуренции и чрезмерного потребления. Когда мы перестанем конфликтовать с законами интегральной системы, исчезнет кризис, вызванный этим несоответствием.

Новое социальное мышление должно способствовать появлению справедливого общества.

Кто, как, когда и где все это сможет осуществить? На эти и другие вопросы, поднятые в этой книге, отвечает каббалист Бааль Сулам в статье «Решение».

Из этого нет никакого выхода, кроме как ввести принципы международного нравственного альтруистического общества среди всех народов.

На народ Израиля возложено принять рамки международного альтруистического общества прежде прочих народов и стать примером...

Глава 8
РАСПРОСТРАНЕНИЕ МЕТОДИКИ

Опасная идея

Может быть, мы погорячились? Может, идея объединения не только бесполезная, но и опасная? Может, наоборот, нужно разойтись по-хорошему и спокойно, не мешая друг другу, жить? Ведь мы видим, что наши попытки объединиться систематически заканчиваются провалами. Так происходит на уровне государств и точно так же это происходит на уровне отдельной семьи. Хотя бы тот факт, что количество разводов растет, подтверждает эту мысль.

Очевидно, стоит отнестись к идее объединения более взвешенно и не торопиться с выводами.

Начнем с того, что идея единого человечества совсем не нова. Она давно занимала умы многих мыслящих людей. Хотелось бы выделить таких известных людей, как: чешский педагог-гуманист, писатель, Ян Коминский (1592-1670), французский палеонтолог Тейяр де Шарден (1881-1955) и естествоиспытатель и мыслитель-гуманист В.И. Вернадский (1863-1945).

Несомненно, это еще сильно раздробленное человечество. Чтобы составить о нем представление, надо вообразить Америку или Африку, когда туда впервые прибыли белые – мозаика групп, этнически и социально сильно отличающихся друг от друга. Но уже обрисовавшееся и связанное между собой человечество.[131]

---

[131] Шарден Тейяр. Феномен человека.

В 20-х годах прошлого столетия появилось понятие «ноосфера» (сфера разума). Его ввел французский палеонтолог, математик и философ, Эдуард Леруа (1870-1954). Эту тему глубоко разрабатывали Тейяр де Шарден и В. И. Вернадский.

Современные ученые, как и Вернадский, рассматривают ноосферу как новую, высшую стадию эволюции биосферы. Эволюция биосферы связана с возникновением и развитием в ней человечества, которое, познавая законы природы и совершенствуя технику, начинает оказывать определяющее влияние на природные (включая космические) процессы.

Объединение человечества в современных условиях становится обязательным, в противном случае оно не сможет регулировать процессы своего взаимодействия с природой. Вернадский, по сути, говорил о тех глобальных проблемах, с которыми мы сегодня столкнулись.

Понятие «ноосфера» вызывает возражения в научных кругах, вместе с этим, термины «глобализация» и «интеграция» находятся в повседневном обиходе СМИ и давно нашли свое место в словарях и энциклопедиях:

Глобализация – активизация процесса усиления взаимосвязанности мира, всевозрастающего воздействия на социальную действительность отдельных стран, различных факторов международного значения: экономических и политических...

Интеграция – I (лат. integratio восстановление, восполнение, от integer целый), понятие, означающее состояние связанности отдельных дифференцированных частей и функций системы, организма в целое, а также процесс, ведущий к такому состоянию...

Энциклопедический словарь

Глобализация и эгоизм

Ученые говорят о глобализации, как об объективном природном явлении, которое необходимо серьезно изучать.

Американский социолог Р. Робертсон так определяет процесс глобализации: «Глобализация – это объективный процесс компрессии (сжатия) всего мира, а также субъективный процесс углубления понимания и признания всего мира, как единого целого».

О неготовности человечества к глобализации пишет Э. Киш, профессор Западно-Венгерского университета (Шопрон – Сомбатхей) и Университета Этвоша Лорана (Будапешт):

Воспользоваться благами глобализации мешает борьба между субъектами, группами, между субъектом и группой, а также между малыми и более крупными группами. Структурная сила глобализации затрагивает все слои социальной жизни.

Глобализация превратила мир в одну большую деревню, в которой, для того чтобы выжить, необходимо не только элементарно считаться друг с другом, но и находить пути конструктивного сотрудничества и взаимодействия.

Вследствие череды кризисов, охвативших земной шар, мы постепенно начинаем осознавать, что теперь наша жизнь уже не будет такой, какой она была прежде.

Главной причиной мирового кризиса является несоответствие между нашими взаимосвязями, основанными на эгоизме, индивидуализме, конкуренции, и новой реальностью глобального интегрального мира.

Хорошо иллюстрирует сложившуюся ситуацию кризис мировой финансовой системы. Транснациональные корпорации, на которых держится вся мировая экономика, тесно сотрудничают между собой, но… на изжившем себя эгоистическом принципе – выгода любой ценой. Если ситуация не начнет меняться, последствия могут быть самыми катастрофическими для всего человечества, поскольку, по данным Конференции ООН по торговле и развитию (ЮНКТАД), транснациональные компании сегодня контролируют 70-90% рынка товаров, услуг, технологий. Они являются главными экспортерами капитала и контролируют 90% прямых зарубежных инвестиций.

Однако мы «глобальны» не только в области финансов, но и в социальном, а также и в эмоциональном плане. Наши чувства влияют друг на друга настолько сильно, что способны вызывать вереницу социальных взрывов в разных странах, переходя из одной горячей точки в другую через мировые социальные сети. По словам проф. Кюнхардта, главы Европейского центра интегральных исследований, 21-й век отличается тем, что соткан из бесчисленных нитей взаимосвязей, сопряженных между собой бесчисленными пересечениями.

Н. Кристакис и Д. Фаулер в своей знаменитой книге «Связанные одной сетью» отметили, что современная технологическая эпоха поставила нас в зависимость друг от друга и тем самым сделала уязвимее.

Выкладки специалистов – не теория. «Эпидемия» социальных протестов «эффектом домино» в течение считанных месяцев охватила: Египет, Сирию, Ливию, Испанию, Великобританию, Чили, Грецию и, наконец, Израиль. Беспорядки не обошли и Америку, в том числе и финансовый центр мира – Уолл-Стрит.

Масштабность и непредсказуемость этого явления поражает. В некоторых странах это привело даже к свержению правящих режимов.

О чем мы не мечтаем

То, что объединение может победить мировой кризис, уже сомнения не вызывает. Наука с этим не спорит и даже, более того, говорит, что объединение несет в себе нечто такое, о чем мы даже мечтать не можем. Об этом чуть позже, а пока поговорим об одном давнем событии, произошедшем в Англии.

Осенью 1906 года известный английский ученый Френсис Гальтон прогуливался по сельскохозяйственной выставке, проходившей в Западной Англии. Его взгляд привлекло необычное соревнование.

Собравшимся зевакам было предложено угадать вес, выставленного на всеобщее обозрение, быка. Гальтон, как автор научных трудов по статистике, решил провести импровизированный эксперимент. Он провел статистический анализ прогнозов, сделанных толпой, среди которой были как фермеры, так и люди, далекие от сельского хозяйства.

Каково же было его удивление, когда после обработки 800 записок, полученных у организаторов, оказалось, что среднеарифметический вес быка, указанный участниками лотереи, оказался 1197 фунтов, в то время, как реальный вес был 1198 фунтов. «Коллективный» результат оказался точнее, чем цифры в записках.

Таким образом, оказалось, что интеллект группы выше интеллекта составляющих ее индивидуумов.

По сути, этот эксперимент проиллюстрировал слова, сказанные еще Аристотелем в его книге

«Метафизика»: «целое больше, чем сумма его частей».

В дальнейшем, многочисленные исследования этого феномена привели к открытию разнообразных явлений и эффектов:

Синергия – реакции организма на комбинированное воздействие двух или нескольких лекарственных средств, характерное тем, что результирующее действие превышает действие каждой компоненты в отдельности.

Сверхаддитивный эффект – способность коллектива как целого, добиваться результатов гораздо более высоких, чем это может сделать такая же по численности группа людей, работающих независимо друг от друга.

Эмерджентность – наличие у системы свойств, которые не присущи составляющим элементам.

В настоящее время эту тему разрабатывают такие науки, как:

Онтология – раздел философии, в котором исследуются всеобщие основы, принципы бытия, его структура и закономерности.

Синергетика – междисциплинарное направление в науке, изучающее общие закономерности явлений и процессов в сложных неравновесных системах:

физических, химических, биологических, экологических, социальных и других.

Системная биология – исследует свойства сложных биологических систем, которые нельзя объяснить суммой свойств ее составляющих и др.

Подытожим эту главу цитатой из книги Тейяра де Шардена «Феномен человека».

Громадными будут силы, высвобожденные в человечестве внутренним действием его сплочения. Но не исключено, что завтра, так же, как вчера и сегодня, эта энергия будет действовать несогласованно. Механическое совместное действие под нажимом грубой силы? Или совместное действие в симпатии? Будет ли человек стремиться завершить себя коллективно или индивидуально в ком-то большем, чем он сам?!

Каббалист

И все-таки, первопроходцами, открывшими явления и закономерности глобального мира, были ни кто иные, а каббалисты. Им удалось не только разработать, но и испытать методику интеграции в глобальном мире.

Сегодня мир стал таким, как и предвидел это Авраам. Пришло время сменить изжившую себя парадигму. Объединение должно прийти на смену индивидуализма. По замыслу Авраама первым это может и должен сделать созданный им для этой цели еврейский народ.

Встает вопрос. Почему каббалисты не передают свою методику народу? Кто или что мешает им это сделать?

Оказывается, они пытаются это сделать уже давно, но пока безуспешно...

Так, например, еще в начале 30-х годов прошлого века каббалист Бааль Сулам пытался передать эту методику. Тогда, в подмандатной Палестине, он издал одновременно три брошюры: «Дарование Торы», «Поручительство» и «Мир». В его планы входило выпустить 50 подобных брошюр.

Как только первые брошюры вышли в свет, последовала бурная реакция. Противники каббалы из религиозной среды пожаловались на Бааль Сулама британским властям и те, недолго думая, запретили дальнейшую публикацию. Напрашивается простой вопрос – почему такое негативное отношение?

Дело в том, что написанное Бааль Суламом оказалось страшнее бомбы. Его статьи просто взрывают религиозные стереотипы. Он раскрыл в них суть посланий каббалистов и развеял все предрассудки и заблуждения, которые окутывают каббалу тысячелетия. Его стиль прост, ясен и часто нелицеприятен.

Из статьи «Дарование Торы».

> *...почему дана Тора только народу Израиля, а не всему миру, в равной степени? Нет ли здесь национальной избранности?*
>
> *И понятно, что только душевнобольной может так думать. На самом деле, мудрецы уже ответили на этот вопрос, сказав, что Творец предлагал Тору всем народам и на всех языках, но те не приняли ее...*
>
> *...Разве может Творец ходить с Торой в руке и вести переговоры с дикими народами?*
>
> *Это неслыханно и не принимается сердцем.*

Прошло около 16 лет и 1 сентября 1939 года начинается Вторая мировая война. Германия и СССР делят Европу. Бааль Сулам видит то, на что современники сознательно закрывают глаза – гибель миллионов. Поэтому он идет на беспрецедентный шаг: готовит к изданию каббалистическую газету. Первой номер газеты «Народ» выходит из печати 5 июня 1940 года.

Бааль Сулам пытался объединить народ и тем предотвратить Катастрофу.

...от всех без исключения частей
народа требуется единство,
нерушимое и крепкое, как сталь.

Он объясняет, что в основе любого народа лежит любовь, в то время как у еврейского народа – общее страдание. По сути, он открыто говорит о «искусственности» еврейского народа.

...та малость, которая осталась у нас
от народной любви, не заложена в
нас положительным образом, как
это обычно бывает у всех народов, а
существует внутри нас в отрицательном
виде, являясь общим страданием....

...В этом мы похожи на массу орехов,
внешне соединенных в одно тело мешком,
который облегает и сдавливает их.

Бааль Сулам поднимает в газете сложнейшие темы: «название народа, языка и земли», «критика марксизма в свете новой реальности», «решение вопроса о сплочении народа во всех его течениях».

Второй номер газеты должен выйти через две недели. Но газету закрывают. И вновь те же самые силы обращаются к британским властям. Бааль Сулама обвиняют в пропаганде... коммунизма.

А потом произошло страшное. Германия начала войну с СССР, и случилась то, что так хотел предотвратить Бааль Сулам – Катастрофа европейского еврейства...

Каббала – загадка истории

Да, каббалист предлагал методику и его не захотели слушать. А ведь это неудивительно. Почему кто-то должен был его слушать, если издавна бытует мнение, что каббала – это мистика и тайное учение, не имеющие отношения к реальной жизни. Между прочим, так и сегодня говорят о каббале все словари.

В этом и заключается главная загадка истории! Ведь на протяжении последних, по крайней мере, 700 лет каббала была в почете. Многие просвещенные люди воспринимали ее как науку и философию, а не как религию и, тем более, мистику.

Чтобы не быть голословными, дадим слово известным людям прошлого:

Раймунд Луллий (1235-1315) – философ и писатель. Считается ведущим исследователем своего времени в области каббалы и ислама. Отрицал алхимию, анализировал и развивал учение о логике. Это привело его к изобретению первой логической машины. Только спустя четыре столетия Г.В. Лейбниц оценил труд Луллия и развил дальше идею механического выполнения логических операций. В 20-ом веке разработка этой идеи привела к созданию компьютера. Луллий написал около трехсот произведений на каталанском, латыни и арабском языках.

Науки, такие как теология, философия и математика, берут свои принципы и

*корни из нее (каббалы). Поэтому все
эти науки (scientiae) подчинены этой
мудрости (sapientia); и их принципы
и правила подчинены ее принципам и
правилам; и поэтому их аргументация
недостаточна без нее.*[132]

Иоганн Рейхлин (1455-1522) – немецкий гуманист
и филолог. Он первым в Германии начал систематическое преподавание латыни, древнегреческого и иврита. С 1519 г. профессор в Ингольштадте, впоследствии – в Тюбингене. Служил личным советником императора Германии и был близок к главам Платоновской Академии (Дж. Пико делла Мирандола и др.).

В 1518 г. выходит его исследование об ударениях и орфографии еврейского языка – «De verbo mirifico». Этот трактат служит как бы введением к «De arte cabbalistica». В этих двух трудах Рейхлин останавливается на ново-пифагорейской и каббалистической философии. По мнению Рейхлина, ново-пифагорейское учение было тесно связано с каббалой.

*Каббала не позволяет нам проводить
жизнь в прахе, но поднимает наш
разум к вершине познания.*[133]

Джованни Пико делла Мирандола (1463-1494) – итальянский ученый эпохи Возрождения. Его

---

[132] Raymundi Lullii Opera. Изд. Цетцнера. P. 93 f.
[133] Reuchlin. De arte cabalistica, 22b f.

философские воззрения сочетают неоплатонизм и учение каббалы. Пико делла Мирандола учился в университетах Болоньи, Феррары и Падуи. Владел ивритом и арабским. Исследовал каббалистические труды, Ветхий Завет и Коран, читая их на оригинальных языках. Издал в 1486 году в Риме «Философские, каббалистические и теологические заключения».

> *Та самая, настоящая трактовка Закона (vera illius legis interpretatio), которая была раскрыта Моисею в Божественном откровении, называется «Каббала» (dicta est Cabala), что у иудеев означает «получение» (receptio).[134]*

Теофраст Парацельс – псевдоним, настоящее имя Филипп Ауреол Теофраст Бомбаст фон Гогенхайм (1493-1541) – швейцарский врач и естествоиспытатель, один из инициаторов применения химических лечебных препаратов в медицине. Мощное влияние и неповторимый духовный склад Паральцеса в большей или меньшей мере затронули ход развития европейской философии, естествознания, медицины.

> *Изучай каббалу (artem cabbalisticam), она объяснит тебе все![135]*

[134] Pico della Mirandola. Oratio de hominis dignitate // Conclusiones. P. 60 f.

[135] Theophrastus Paracelsus. Das Buch Paragramum. Изд. Franz Strunz. Leipzig, 1903. P. 56.

Кто учил каббалу

Как мы знаем, на протяжении истории множество видных деятелей науки и искусства изучали каббалу. Некоторые об этом говорили, другие предпочитали молчать. Ниже далеко не полный список тех, кто не скрывали своего «увлечения»:

Фичино Марсилио (1433-1499) – итальянский гуманист и философ неоплатоник.

Коперник Николай (1473-1543) – польский астроном.

Монтень Мишель Эйкем (1533-1592) – французский мыслитель, юрист, политик.

Бруно Джордано (1548-1600) – итальянский ученый, философ, поэт и астроном.

Кампанелла Томмазо (1568-1639) – итальянский философ, поэт, политический деятель, создатель коммунистической утопии.

Мильтон Джон (1608-1676) – один из величайших поэтов Англии, крупнейший публицист и деятель Великой английской революции.

Ньютон Исаак (1643-1727) – английский ученый, заложивший основы классической физики. Сформулировал основные законы классической механики, в том числе открыл всемирного тяготения.

Лейбниц Готфрид Вильгельм (1646-1716) – выдающийся немецкий философ, физик, математик, историк и дипломат.

Гете Иоганн Вольфганг (1749-1832) – один из величайших деятелей культуры в мировой истории, писатель, поэт, драматург, мыслитель, гуманист, политик и ученый.

Шпренгель Курт (1750-1816) – немецкий врач и ботаник.

Блейк Уильям (1757-1827) – английский поэт и художник.

Баадер Франц Ксавер (1765-1841) – немецкий философ, врач, естествоиспытатель, представитель философского романтизма.

Шеллинг Фридрих Вильгельм Йозеф (1775-1854) – один из виднейших представителей немецкой классической философии.

Соловьев Владимир Сергеевич (1853-1900) – русский философ, поэт, публицист и литературный критик.

Булгаков Сергей Николаевич (1871-1944) – русский философ и богослов.

Бердяев Николай Александрович (1874-1948) – русский философ и публицист.

Генон Рене (1886-1951) – французский философ и писатель, представитель эзотерического традиционализма.

Борхес Хорхе Луис (1899-1986) – аргентинский писатель, известный, прежде всего, лаконичными прозаическими фантазиями, часто маскирующими рассуждения о серьезных научных проблемах.

Современники о каббале

Интересно послушать, что думают о каббале ученые – наши современники:

Сатиновер Джеффри – научные интересы: физика, квантовая теория, психиатрия, психоанализ. Научные степени: магистр по физике, магистр клинической психологии, доктор медицины.

> *В каббале нет ничего такого, что звучало бы неясно, мистически или неестественно...*

> *...В культурах, далеких от западной, каббала также повлияла на форму развития и на сам подход к нему.*

> *Человечеству еще предстоит выявить, каким образом каббала оставила свой отпечаток на зарождении и эволюции различных культур.*

> *Следует полагать, что раскрытие науки каббала всему человечеству в современную эпоху, на пороге которой мы стоим, докажет это.*

Вольф Фред Алан – доктор наук, физик-теоретик, специалист в области квантовой механики, автор популярных книг, лауреат премии «Национальная книга» за опубликованный в 1986г. «Квантовый скачок».

Одним из успешных последствий изучения каббалы стала для меня возможность в ином свете взглянуть на квантовую физику.

Буева Л.П. – академик РАО, доктор философских наук, профессор, главный научный сотрудник Института философии РАН.

Безусловно, каббалистические духовные традиции намного древнее, чем греческие и европейские.

Аршинов В.И. – доктор философских наук.
Свирский Я.И. – доктор философских наук.

Ибо только при человекомерном, междисциплинарном подходе к освоению мироздания, духовное богатство, какое содержится в еще не освоенных пластах каббалистического учения, обретает особую форму жизни, особую форму востребованности здесь и сейчас.

Ласло Эрвин – профессор. Основатель Всемирного Совета Мудрецов.

Мудрость каббалы, содержащаяся в классических писаниях, должна быть использована для решения проблем, с которыми мы столкнулись, и для осуществления открывающихся перед нами возможностей. Это послание должно стать доступным людям, как в Израиле, так и во всем мире.

Хачатурян В.М. – кандидат филологических наук, историк.

В каббале дается крайне востребованная на сегодняшний день целостная и всеобъемлющая картина мироздания, в которой все уровни – от неживой материи до человека, общества, культуры – взаимосвязаны и подчиняются единым законам. Не будучи религиозным, это учение предельно универсально: оно обращено ко всем и может быть принято любым человеком, независимо от его национальности и конфессии, так как стоит над культурно-религиозными традициями и не требует отказа от них.

Орион Ицхак – доктор наук, физик-ядерщик.

Назначение древней науки каббала заключается в обучении человека методике объединения всего мира.

Мнение каббалистов

Мы привели массу мнений о каббале, в том числе, ученых. Некоторые из них точно так же, как каббалисты, утверждают, что каббала стоит в основе всех наук. Возникает встречный вопрос: «Почему каббалисты сами не развивали науки?» И действительно, почему?

Каббалисты отвечают, что не видят в этом никакого смысла. Главное, что необходимо развивать – это человек, а вернее, его способность объединяться с другими людьми и всем миром.

Зачем развивать науки? Чтобы удобнее и эффективнее убивать себе подобных? Чтобы уничтожать экологию Земли?

Благодаря современным технологиям мы производим продуктов питания гораздо больше, чем это необходимо, и одновременно с этим миллионы людей умирают от голода. Нам нужна не атомная бомба, а взаимопонимание. Люди хотят счастья, а не полет на Марс.

Трудно не согласиться с каббалистами...

Наука каббала анализирует интересующие ее явления на уровне абсолютных законов природы. Каббалисты очень детально объясняют такие понятия, как: индивидуум и общество, страдания и наслаждения, милосердие, правда, справедливость, мир, свобода воли и многое, многое другое.

Профессор, каббалист М. Лайтман разъясняет, чем занимается каббала.

Наука каббала раскрывает, как отдельному человеку, так и всему человечеству, обязательный, поэтапный путь развития, подчиняющийся абсолютным законам и ведущий из текущего состояния до самого конца исправления.

Каббала объясняет, какие средства помогают человеку пройти этот путь и какие силы воздействуют на него при неизбежном продвижении – либо по воле Природы, либо при осознанном участии, когда он вносит вклад в собственное развитие.

И все-таки хотелось бы поближе познакомиться с тем, как каббалисты исследуют различные явления. Скажем, такое понятие, как «свобода».

Как управлять человеком

Каббала говорит, что если внимательно всмотреться в понятие «свобода», мы обнаружим, что никакой свободы нет, и никогда не было. По крайней мере, в том смысле, в котором мы это понимаем. Для нас свобода – это возможность делать, что хочется. Но разве мы знаем, почему нам хочется именно так, а не иначе?

Получается, что нами управляют? Интересно, а как он или они это делают?

Оказывается, человеком управлять несложно, и делает это Природа всего двумя силами: наслаждением и страданием. Не секрет, что наслаждение тянет человека вперед, а страдание подталкивает сзади.

Секундочку, но ведь в таком случае мы ничем не отличаемся от животных? Не совсем так. Кое-чем мы все-таки отличаемся. Это отличие называется – коммерческий расчет.

Человек ощущает прошлое, настоящее и будущее, а животное живет лишь настоящим. Поэтому мы, в отличие от животных, можем добровольно пойти на страдание в настоящем – с тем, чтобы выиграть в будущем. Однако суть дела от этого не меняется. Нами управляют наслаждение и страдание.

Напрашивается вывод: человек – это машина. Умная, говорящая машина, без свободы воли. Так это или не так? Давайте разбираться.

Каббала поясняет, что все объекты находятся в рамках четырех факторов:

1. Основа (суть, первичная материя).

2. Программа постоянных свойств.

3. Программа изменяющихся свойств.

4. Программа внешней среды.

Разберем каждый фактор в отдельности на примере пшеницы:

1. Основа (суть, первичная материя) пшеницы не меняется никогда. В то же время ее форма может видоизменяться: зерно, росток или колос.

2. Программа постоянных свойств. Под управлением этой программы пшеница переходит в одну из заданных форм: зерно, росток или колос.

3. Программа изменяющихся свойств. Эта программа, учитывая внешние факторы: минералы, влажность, температура – изменяет количество, вкус, величину пшеницы.

4. Программа внешней среды. Случайностей нет. Внешние природные факторы находятся под управлением. Алгоритм программы человеку не подвластен.

Получается, что наша свобода воли находится в факторе №3. Мы можем менять самих себя, свою судьбу, свою жизнь, только одним способом – с помощью внешних факторов или, другими словами, с помощью окружения. Именно оно управляет человеком.

То, как мы одеваемся, говорим, думаем, диктуются той средой, тем окружением, в которых мы находимся. Среда – это не только люди, которые нас окружают, – это, в том числе, книги, ТВ, реклама, идеи…

Свобода, подытоживает наука каббала, состоит в выборе окружения.

Миссия Израиля

Есть один вопрос, по поводу которого сломано много копий и который стоит рассмотреть. Это земля Израиля. Обратимся к древнему пророчеству.

> *И опустошу Я землю вашу, и изумятся*
> *ей враги ваши, поселившиеся на ней...*
> *И будет ваша земля в запустении, а*
> *ваши города будут руинами.*[136]

Все произошло, как и было предсказано. После изгнания еврейского народа страна фактически умерла. Завоеватели меняли завоевателей, но земля оставалась мертва. Всего каких-нибудь 150 лет тому назад это была сплошная пустыня вперемешку с болотами.

Знаменитый писатель Марк Твен посетил Палестину в 1867 году. Он так описывает увиденное.

> *Палестина не снимает власяницы, и*
> *глава ее посыпана пеплом. Над ней*
> *тяготеет проклятие, которое иссушает*
> *ее поля и сковывает ее силы....*
>
> *...Палестина уже не принадлежит нашему*
> *будничному, прозаическому миру. Она отдана*
> *поэзии и преданиям –*
> *это страна грез.*[137]

---

[136] Тора, Ваикра, 26:32-33.
[137] Твен Марк. Простаки за границей.

С появлением первых кибуцев ситуация начала меняться. В начале 30-х годов 31-й американский президент Гувер сказал: «Палестина, которая находилась в запустении веками, сейчас заново обретает свою молодость, оживает благодаря усилиям и полному самопожертвованию первых еврейских переселенцев, которые трудятся в условиях душевного покоя и равноправия».

Мы можем говорить, что это случайность, можем говорить, что это ничего не значит, можем говорить что угодно, но факт остается фактом. Вернулись евреи – и все изменилось.

Невероятно, но в стране, половина территории которой – пустыня, а дожди идут лишь несколько месяцев в году, сельское хозяйство одно из самых передовых в мире. Среди всего прочего здесь производят такие диковинные продукты, как: синие помидоры, оранжевые кабачки и арбузные деревья.

Свою продукцию Израиль экспортирует во многие страны мира, в том числе, и в Россию.

Израиль известен не только сельским хозяйством. Говорят, что в области передовых технологий впереди Израиля находится лишь США. Главный архитектор программного обеспечения, основатель и владелец корпорации «Microsoft», Билл Гейтс, высказался так:

Израиль обладает огромной мощью
в мире высоких технологий, и это
объясняет его существенный вклад не

только в организацию старт-апов, но и в создание исследовательских центров таких транснациональных компаний, как "Microsoft", "Intel" и "Motorola". Мы не просто довольны, мы супер-довольны отдачей нашего исследовательского центра в Хайфе...

Казалось бы, Израиль нашел свое предназначение. Что может быть лучше и полезней для мира, чем новые технологии. Почему же в таком случае никто не говорит Израилю спасибо, а соседи, при первой возможности, обстреливают его территорию? Почему?

Совершенно очевидно, что от Израиля ждут абсолютно другого.

Если бы Израиль пришел к сознанию, что его мировая миссия не может исполниться при посредстве золотого тельца, то, может быть, его мировая гражданственность по отношению к человечеству и его несокрушимая национальная замкнутость по отношению к самому себе, оказались бы сильным и плодотворным фактором в деле создания человеческого единства, которому теперь поведение еврейства, как целого, так сильно мешает.[138]

---

[138] Форд Генри. Международное еврейство.

Глава 9
НЕОБХОДИМОСТЬ МЕТОДИКИ

Фотоны и социум

Мы уже много говорили о том, что надо объединяться. Мало кто с этим призывом не согласится. Польза от объединения очевидна. Вопрос в другом. Что такое объединение. В чем его суть и где корни этого, если можно так сказать, явления. Попробуем разобраться.

При ближайшем рассмотрении сразу же выясняется, что процесс или явление, которое называется «объединение», охватывает буквально всю природу.

Мы видим это на уровне элементарных частиц, на уровне клеток любого организма, и то же самое мы наблюдаем на уровне социума.

Из школьного курса мы знаем, что нейтроны совместно с протонами образуют атомное ядро. Протоны, нейтроны и электроны образуют атомы. Атомы, в свою очередь, объединившись между собой, образуют молекулы, из которых, в свою очередь, образуются различные вещества.

Показательно, что устройство солнечной системы внешне напоминает устройство атома. То есть между макроуровнем и микроуровнем прослеживается связь. Итак, цепь замкнулась. Самое маленькое устроено, как самое большое.

Посмотрим, что говорит современная наука по поводу этих, опутывающих всю вселенную, связей. Особенно интересно узнать, что происходит в самой прогрессивной из них – квантовой физике.

Исследователи из Университета Женевы поставили эксперимент по регистрации скоординированности «спутанных» (Quantum entanglement) фотонов. «Спутанность» – квантовое состояние, не имеющее аналогов в классическом макромире.

Спутанные частицы остаются «связанными» даже разлетевшись друг от друга на значительное расстояние. Такое состояние было теоретически описано еще в 30-е годы XX-го столетия и уже неоднократно наблюдалось в экспериментах.

В эксперименте «спутанные» фотоны-близнецы излучались из научного центра в Женеве по оптоволокну в разных направлениях в находящиеся в 18 километрах от города деревни Сатиньи и Жусси. При регистрации состояния фотона в одном из приемников (Сатиньи) «спутанный» фотон, излученный в другом направлении (Жусси) менял свое состояние «мгновенно». Полученная скорость скоординированной реакции второго фотона превысила скорость света в тысячи раз!

Речь идет о явлении, которое также называют «квантовой запутанностью».

Для справки:

Квантовая запутанность – явление, при котором квантовые состояния двух или большего числа объектов оказываются взаимозависимыми. Такая взаимозависимость сохраняется, даже если эти объекты разнесены в пространстве за пределы любых известных взаимодействий.

Растения тоже хотят

Выходит, что на уровне, образно говоря, «кирпичиков мироздания» связи настолько крепки, что выходят даже из рамок времени.

Интересно продолжить обзор и посмотреть, что происходит, скажем, на уровне растений. И здесь нас ожидает сюрприз. Оказывается, что связь между растениями наблюдаются не только на ограниченных территориях, скажем, в лесу, но и на планетарном уровне. Эти явления исследует специальная наука – геоботаника.

Для справки:

Геоботаника – (от гео-земля и ботаника), наука о растительных сообществах (фитоценозах) Земли. Экологическая геоботаника исследует отношения, существующие между растениями и средой.

В качестве иллюстрации достижений в этой области приведем результаты двух исследований.

Вначале о взаимодействии и взаимопомощи растений.

Биологи из университета британского города Эксетер провели следующий эксперимент.

У одного из размещенных рядом растений они надрезали лист. В качестве ответной реакции, растение, а это была капуста, выпустило газ метил. Получив этот своеобразный сигнал SOS, растущие рядом овощи повысили в своих листьях содержание токсических веществ, чтобы таким образом отпугнуть непрошенных гостей, в первую очередь, насекомых-вредителей.

Исследователи считают, что подобным образом общаются не только овощи, но также цветы и деревья.

Следующее исследование иллюстрирует связи глобального уровня.

Ученым давно известно, что в воздухе над джунглями Амазонки постоянно витает большое количество органических частиц. Эти частицы, взаимодействуя с водяным паром, приводят к частым осадкам в регионе. До сих пор оставалось загадкой, откуда появляются эти вещества.

Международная группа исследователей под руководством Майнрата Андреа и Ульриха Пёшля провели анализ твердых частиц, обнаруженных в воздухе над амазонским лесом в сезон дождей. Оказалось, что большинство из них содержат соли с высоким содержанием калия.

Исследователи пришли к выводу, что источником солей калия является растительность тропического леса.

Вывод ученых – тропический лес самостоятельно вызывает дождь.

Удивительно, насколько все взаимосвязано. Однако поражает даже не это. В результате взаимосвязи и взаимодействия однородных элементов, появляется нечто, более совершенное. Элементарные частицы, объединившись, превращаются в вещество. Растения, объединившись, способны вызывать дождь. Колония муравьев в состоянии обрабатывать информацию, которую отдельный муравей даже не воспринимает.

О том, что ожидает в будущем объединившееся человечество, можно только гадать и, наверное, мечтать...

Кроме интеллектуального значения отдельных человеческих единиц, необходимо принять во внимание коллективное возбуждение (путем поддержки или резонанса) этих, надлежаще организованных, единиц.[139]

---

[139] Шарден Тейяр. Феномен человека.

Сверхразум

Обратим внимание на парадоксальный факт. Любой военный конфликт или природная катастрофа приводит нас к объединению. Мы поневоле объединяемся в воинские соединения, попадаем в госпитали или собираемся на лестничной площадке во время ракетных обстрелов, как это недавно происходило в Израиле.

Концентрационные лагеря и тюрьмы, по большому счету, тоже объединяют.

Вопрос, кому нужно такое объединение.

Почему люди при объединении, в лучшем случае, остаются прежними, а муравьи или птицы, объединившись, приобретают «сверхразум»? Почему клетки, объединенные бесконечным количеством связей, превращаются в живое, способное думать и передвигаться существо? Мы же люди, объединившись, способны только играть в футбол или эффективно убивать себе подобных. Ответ на самом деле находится на поверхности.

Все уровни природы, исключая человека, действуют автоматически. Подчиняясь инстинктам, диктуемых природой, птицы собираются в стаи для дальних перелетов, а овцы сбиваются в стадо при появлении волков.

Всем все понятно. Волки хотят есть, а овцы хотят выжить. Мудрая природа позволяют волкам есть овец, однако только больных и отбившихся от стада.

Напрашивается вывод – в природе общее, коллективное выше индивидуума.

А разве мы этого не знаем? Человек это осознает, но сделать с собой ничего не может. Почему так устроено? Потому что у человека, в отличие от всего остального, существует свобода воли. А зачем нам свобода воли, если пользы от этого нет никакой? Очевидно, лишь для одного – объединиться не инстинктивно, как это делают животные, а осознанно.

Поскольку нам это сделать несравнимо сложнее, чем животным, очевидно, и результат от такого объединения несравненно выше. К этому выводу уже давно пришли ученые, недавно политики и очень, очень давно каббалисты.

Конечный и неизбежный крах старых систем общественной жизни создаст новые формы жизни на планете. Любовь между людьми, как доминирующая сила жизни на Земле, придет на смену контроля.[140]

---

[140] Из блога: laitman.ru

Высшие законы

Мы находимся в коконе опутывающих нас законов природы. Закон всемирного тяготения, законы химии, физики, биологии…

Наша задача – устроиться комфортнее в этом коконе. Отменить законы мы не можем, но использовать их грамотно, себе на пользу – это в наших силах. Мы также способны с помощью одних законов нейтрализовать на время другие. Например, с помощью законов аэродинамики нейтрализовать гравитацию и, построив самолет, взлететь в небо.

Наша проблема в том, что мы не знаем законов социальных. До сих пор мы гадаем, какой строй лучше, – капиталистический или социалистический. Социальные законы надо знать, уметь распознавать и использовать.

Мы продвинулись в естественных науках, но из-за незнания законов, управляющих человеком и обществом, все наши усилия идут нам во вред. Поэтому, не зная законов социума, мы никогда не узнаем, как и на каком уровне человек и человечество связано со всей Природой. Речь идет не об экологии, а о зависимостях и законах, о существовании которых мы даже не подозреваем.

…указания каббалы – ни что иное, как законы и правила, установленные в Высших мирах, которые являются корнями законов природы в этом, нашем, мире. И потому всегда законы

каббалы соответствуют законам природы
в этом мире, как две капли воды.[141]

Мы все еще думаем, что можем управлять Природой, и это после того, как маленькое движение воздушных масс приводит в течение нескольких часов к гибели и/или оставляет без крова сотни тысяч людей. Мы забываем, что живем на тонкой корке Земли, с трудом защищающей нас от огненной лавы.

Для справки:

> *ЗЕМНАЯ КОРА – наружная «твердая» оболочка Земли. Под континентами она состоит из осадочного, гранитного и базальтового слоев общей мощностью до 80 км. Под океанами ее толща составляет 5-10 км, а гранитный слой полностью отсутствует.* Современная энциклопедия. 2 000 г.

В любую секунду она может дать трещину, и тогда никакие нанотехнологии нам не помогут. Мы даже не представляем, что свобода воли, мир, милосердие, любовь – все это законы природы, а не просто какие-то человеческие эмоции, начинающиеся и заканчивающиеся в нашей голове.

Мы живем в иллюзиях, что наше развитие зависит от генов, в то время, когда всё, в том числе и гены, управляется законом развития. В человеке развивается лишь один компонент – эго. Неуклонно

---

141 Бааль Сулам. Свобода воли.

разворачивается спираль нашего эгоизма. В результате, новое поколение всегда требовательнее предыдущего, и потому более развитое.

Поэтому отец овладевает компьютером через год, сын – в течение недель, а дед может только, с тоской в глазах, за ними наблюдать.

> *...мы еще находимся на промежуточных ступенях развития человечества, и человечество еще не достигло высшей ступени на лестнице развития. И кто может предположить, сколько рек крови прольется в мире, прежде чем достигнем мы этой желанной ступени?[142]*

---

[142] Бааль Сулам. Решение.

Обязанность Израиля

Нам нужно развивать не мозги, а наши взаимоотношения. Не айфоны и ракеты определяют уровень цивилизации, а взаимоотношения между людьми. Программа внутреннего развития заставляет нас искать способы, как лучше устроиться в этой жизни (техника, информация), но ничего не получается.

Лавина информации приводит к более изощренной жестокости (дети и интернет). Лучшая техническая оснащенность (автомобиль, стиральная машина, полуфабрикаты) ведет к разводам….

Объединение – это обязанность Израиля. Не хочешь объединяться добровольно, тебе помогут твои двоюродные братья. Как и где?

Выбор, на самом деле, не так велик: на фронте или в бомбоубежищах.

Этого они ожидают от возвращения Израиля в свою землю! И дело не в иных науках, ибо в них мы никогда не вводили новшеств и всегда были учениками народов. Речь же идет о науке каббала, о справедливости и о мире. А в этом большинство народов являются нашими учениками. И наука эта относится только к нам…

…Без сомнения, постепенно они, или их сыновья, будут выкорчеваны из страны, и останется лишь ничтожное

количество, которое, в конце концов, ассимилируется в арабской среде...

...Если они примут каббалистическую методику, – это, конечно же, доказало бы всем народам правоту Израиля в возвращении на свою землю. И даже арабам.[143]

---

[143] Бааль Сулам. Решение.

Непредсказуемые последствия

И евреи и неевреи знают или, по крайней мере, чувствуют, что народ Израиля имеет отношение не только к развитию цивилизации, но и к тем проблемам, которые цивилизация испытывает. Во всех смертных грехах не обвиняли ни один народ, кроме евреев. На эту тему мы уже говорили много, осталось подвести итоги.

Вот что сказано в Талмуде:

> Все страдания приходят в мир
> только для Израиля.

А книга «Тикуней Зоар» уточняет:

> ...они (евреи) вызывают своими поступками голод, бедность, жестокость, унижение, убийства и грабеж во всем мире.

Ни больше, ни меньше – страдания во всем мире. Скажем сразу – рациональных, то есть, принятых в науке доказательств тому, что говорится в цитатах, нет ни у кого. На самом деле не важно, есть доказательства или нет. Важен факт, что большинство людей не сомневаются в ответственности еврейского народа за происходящее. Самое верное доказательство – антисемитизм.

*Я склонен думать, что антисемитизм
неоспорим, как неоспоримы
проказа, сифилис.[144]*

Сегодня, когда мир столкнулся с проблемами глобализации, о евреях вспоминают все чаще. На разных уровнях говорят о происках евреев. Отдельные люди и целые народы столкнулись с ситуацией, когда дальнейшее существование возможно лишь на основе сотрудничества, взаимопонимания, и взаимосвязях. Это то, что нужно всем, но как это сделать, не знает никто.

Еврейский народ имеет опыт в создании объединения такого уровня, и поэтому он обязан свой опыт передать всем. Вопрос, должен ли он вначале объединиться сам? Ответ очевиден – да.

Кстати, абсолютно очевидно и другое. Как он будет это делать, не интересует никого – это во-первых. А во-вторых, если он это не сделает, а еще хуже – даже не попытается, последствия этого бездействия непредсказуемы...

*...в таком поколении все разрушители народов
мира поднимают голову и, в основном,
желают уничтожения сынов Израиля.[145]*

---

[144] Горький М. О евреях, 1919 г.
[145] Бааль Сулам. Предисловие к книге Зоар.

Арабская весна

*Меня изумляет духовная стойкость
еврейского народа, его мужественный
идеализм, необратимая вера в победу добра
над злом, в возможность счастья на земле.
Старые крепкие дрожжи человечества,
евреи, всегда возвышали дух его, внося
в мир беспокойные, благородные мысли,
возбуждая в людях стремление к лучшему.[146]*

Фундаментальный вопрос: а готов ли народ Израиля к объединению? Готов ли он быть примером для других? Похоже, повод для оптимизма есть. Израильтяне действительно начинают постепенно приходить к этой мысли. Подтверждением этому – события, всколыхнувшие весь Ближний Восток в 2011 году. Речь идет об инспирированной извне акции под романтическим названием «Арабская весна».

В те дни, а точнее, 6 августа 2011 года, в Израиле произошло беспрецедентное событие. На улицы городов вышли порядка трехсот тысяч израильтян! Это при 7-миллионном населении! К примеру, для России подобное соотношение соответствует 6 миллионам человек!

Тогда, когда в арабских странах акции подобного рода привели к массовым беспорядкам и даже к смене правящих режимов, в Израиле этот протест

---

[146] Горький М. О евреях, 1919 г.

закончился появлением организации под названием... «Арвут» (поручительство).

Этого не ожидал никто. Ни те, кто спровоцировал народные волнения, и ни те, кто вышел на улицы.

Идея взаимного поручительства распространилась по всей стране и получила всеобщую поддержку. Вскоре эта идея нашла свое отражение в нескольких принципах.

Их суть можно сформулировать одной фразой: принцип взаимного поручительства заключается в осознании того, что благополучие каждого и благополучие общества в целом – это одно и то же.

Принцип взаимного поручительства, принятый когда-то еврейским народом у горы Синай, получил в наши дни второе рождение.

Необъяснимый феномен. Социальный протест, начавшийся в результате нехватки жилья, невероятным образом преобразовался в требование взаимного поручительства. В чем тут дело?

Дело в том, что мир стал тесен. Нерешенные проблемы вавилонской цивилизации вновь стали сегодня актуальными. Мир, в полном соответствии с прогнозом Авраама, стал глобальным. Таким образом – круг замкнулся.

Не только страны, но и отдельные люди чувствуют свою зависимость друг от друга, и Израиль тому пример. Что делать дальше: пытаться оттянуть развязку или уже сегодня начать действовать?

В Израиле начали понимать, что при существующем положении вещей, когда каждый сектор, каждый индивидуум думает лишь о том, как отхватить больший кусок «бюджетного пирога», противоборство будет лишь усиливаться и обостряться. Поэтому процветание общества возможно лишь на основе консолидирующего принципа взаимного поручительства.

На самом деле речь идет о хорошо известных всем ценностях, на которых построены отношения в семье. У нас нет выхода. Именно эти ценности должны лечь в основу новой социально-экономической программы и применяться на всех уровнях: индивидуальном, общественном, государственном и международном. Сегодня на повестке дня стоит уже практический вопрос – с чего начать?

Не будет решения проблем экологии, безработицы, экономики и других до тех пор, пока мир не поймет, что решение всех этих проблем – в единстве и совместном глобальном взаимодействии, тесном и справедливом, между всеми странами.[147]

---

[147] Браун Гордон (род. 1952 г.) – бывший премьер-министр Англии.

Глава 10
МЕТОДИКА ОБЪЕДИНЕНИЯ

Новый мир

Когда человек согласует свою жизнь с Природой, ему выпадает счастье и радость.[148]

Н. Кристакис и Д. Фаулер в своей знаменитой книге «Связанные одной сетью» отметили, что современная технологическая эпоха поставила нас в зависимость друг от друга и тем самым сделала уязвимее

Сегодня мы пришли к пониманию, что у нас нет выхода – мы обязаны учитывать интересы всего общества. Мы нуждаемся в новом социальном мышлении и в полной переоценке ценностей. С чего начинать этот процесс? Очевидно, с исследований самых «горячих» тем:

– что представляет собой новый мир, к которому стремительно движется человечество;

– в чем будет выражаться его глобальность и интегральность;

– что даст нам всеобщее объединение.

И все-таки, очень хочется спросить о другом – почему человечество оказалось абсолютно не готово к происходящему!?

Наша главная проблема заключается в том, что в исследованиях мира мы ищем ответ на вопрос «как» и даже не пытаемся найти ответ на вопрос «почему».

1. Мы не понимаем свою собственную природу и

---

148 Кук Авраам (1865-1935) – первый главный раввин Израиля, известный каббалист. Глаз коршуна.

не знаем, для чего пришли в этот мир.

2. Мы не понимаем причину наших поступков.

3. Полное непонимание и незнание прошлых, сегодняшних и будущих состояний.

4. Мы не знаем, по каким законам развивается мир и куда он идет.

5. Почему нам всегда чего-то не хватает?

6. Почему, достигнув желаемого, мы сразу бросаемся на поиски нового?

7. Мы находимся в ограничениях времени, места и скорости. Почему? Какова природа этих понятий?

8. Почему большую часть времени думаем о себе и почти никогда о других?

9. Почему мы одни вещи любим, а другие ненавидим?

10. Почему на неживом, растительном и животном уровнях существуют взаимосвязи и равновесие между отдельными объектами, а у людей этого нет?

11. Человек появился в результате эволюции. Куда направлена эволюция, мы представления не имеем.

12. Мы продукт природы, ее законов. Однако ведем себя, так как будто ни к природе, ни к ее законам никакого отношения не имеем. Откуда такая близорукость?

13. Тривиальный вопрос. У человека есть ощущения стыда. Зачем природа наделила им человека?

Новая школа

Наверное, все-таки стоит остановиться и с чего-то начать.

Проблема в том, что темы, перечисленные выше, и другие подобного рода, в школах не изучаются и в университетах не преподают. И это не удивительно – у школы и университета другие задачи.

Вообще, само понятие «школа», в его современном смысле, появилось только во второй половине 18-го века, во времена промышленной революции. Повсеместный переход на машинное производство породил огромный спрос на производственных рабочих, и «конвейер-школа» начал поставлять рабочую силу для фабрик и заводов. Эта методика не только устарела – она себя давно изжила!

В чем особенность нового подхода? В первую очередь, это смена приоритетов – сначала воспитание, а затем учеба. Почему? Потому что без этого невозможно чувствовать себя комфортно в новом глобальном интегральном мире.

Мы обязаны заменить все наши образовательные программы – «Сохранение окружающей среды» на программы воспитания – «Человек, как интегральная часть природы».

Ведь дело не в очистке природы от загрязнений, не в восстановлении экосистемы, а в создании единой системы, где всё – «одна природа», а не «человек и природа».

…Необходимо перенимать у живых систем схемы организации нашей жизни, как единого целого.[149]

Глобализация – не просто термин. Это эволюционный процесс возникновения новой парадигмы мира, когда благополучие каждой клетки и каждого органа – от человека до государства – зависит от сотрудничества и заботы об общем благе.

Другими словами, речь идет о взаимном поручительстве.

Поэтому во всех образовательных учреждениях, начиная с детских садов и кончая университетами, необходимо ввести в программу обучения новый предмет – «взаимное поручительство». Как высказался один из основателей компании «Apple» Стив Возняк: «Оставьте технологии, самое главное в жизни – воспитание».

Общественное движение «Арвут»[150] (Поручительство), взяв за основу каббалистическую методику воспитания и используя современные педагогические подходы, разработало систему интегрального воспитания для всех слоев населения.

---

[149] Из блога:laitman.ru

[150] **arvut.org/ru/**

Принципы методики для детей

• Воспитание человека

Цель школы не ограничивается передачей сухих знаний для получения аттестата зрелости. Школа должна вырастить человека, понимающего объективные реалии мира. Выпускник должен уметь преодолевать отчужденность и уметь строить крепкие, здоровые связи с другими людьми.

• Мини-общество

Детское окружение – основной фактор воздействия на ребенка. Поэтому необходимо создать из детей мини-общество, маленькую семью, в которой все заботятся обо всех. Ребенок, растущий в такой среде, понимает важность построения такого же общества и вне школьных стен.

• Влияние окружения

Дети находятся под влиянием родителей, учителей, под влиянием масс-медиа, а также под влиянием внешней среды общения. В большинстве случаев примеры, которые ребенок получает от такой среды, не соответствуют принципам поручительства. Поэтому нужно заботиться, чтобы ребенок находился в окружении, дающем позитивные примеры.

• Воспитатель

Воспитательным процессом управляет не учитель, а воспитатель. Он должен восприниматься воспитанниками как «свой». Только в этом случае он сможет постепенно поднимать уровень их сознания. Принцип «свой» хорошо работает, когда дети и воспитатели сидят в кругу и беседуют на равных.

- Продленный учебный день

Учебный день продолжается в группе продленного дня. На протяжении дня дети находятся вместе – во время учебы, отдыха, еды, игр.

- Общий успех

Успех воспитания определяется выработкой уважительного отношения друг к другу, интеграцией в единую гармоничную систему. Успех каждого ребенка измеряется его вкладом в общую «копилку» и теми результатами, которых достигает группа в целом. Внутри такой гармоничной группы каждый ребенок способен найти свое особое место и реализовать скрытый в нем потенциал. Так формируется среда, в которой – вместо конкуренции – царят дружба и сотрудничество.

- Стиль обучения

Чередовать общепринятый стиль обучения за партами (столами) и учебу в кругу.

- Маленькие учебные группы с несколькими наставниками

Желательно, чтобы каждую группу сопровождали два воспитателя и психолог – специалист в области групповой и социальной психологии.

- Роль учителя

Учитель воспитывает детей и параллельно проходит с ними школьную программу обучения. Он должен восприниматься детьми не как грозный преподаватель, а как учитель-друг.

Искусство учителя – в формировании в классе особой атмосферы стремления к познанию мира. Хорошо зарекомендовавший себя прием – беседы и совместные обсуждения.

- Обучение с помощью игры

Благодаря играм, дети развиваются, раскрывают связи между вещами. С помощью игры ребенок лучше познает мир, поскольку лучшая учеба – сопереживание. Поэтому необходимо использовать игры в качестве центральной методики в работе с детьми. Принципы, заложенные в игры: мой успех зависит от других, успех других зависит от меня, поэтому, чтобы достичь успеха, необходимо идти навстречу друг другу.

- Учебные экскурсии

Выезд раз в неделю на экскурсии: на природу, в парк, на фабрику или на завод, в зоопарк и в сельскохозяйственную местность, киностудию или на место проведения съемок, в театр, в операционную, в больницу, в роддом, в государственные учреждения, в музей, в дом престарелых и т.д.

В целом, речь идет о любых местах, где дети могут познакомиться с реалиями жизни. Экскурсия должна сопровождаться объяснениями с последующим совместным обсуждением увиденного. Такие экскурсии подготовят ребенка к интеграции в «большом» мире.

- Старший обучает младшего

Старшие группы берут шефство над младшими, а те – над еще более младшими, и т.д. Благодаря этому, все почувствуют себя равноправными партнерами в общем процессе, который называется – жизнь. Основной изучаемый материал связан с системой отношений между людьми.

- Ситуации повседневной жизни

В рамках учебного процесса дети должны отрабатывать все ситуации, возникающие в реальной, повседневной жизни. Они должны научиться анализировать проявления зависти, борьбы за власть, обмана и прочее. Это поможет ребенку научиться понимать и чувствовать окружающих. Он поймет, что другие тоже могут быть правы, несмотря на то, что в этот момент он не согласен с их мнением. Он осознает, что завтра тоже может оказаться в подобной ситуации, и что для каждого человека и каждого мнения есть место в этом мире. В результате, это поможет ему относиться к другим терпеливо и с пониманием.

- Анализ поведения (видеосъемка)

Мероприятия, в которых участвуют дети, снимаются на видео, а затем совместно просматриваются. Таким образом, дети привыкают видеть себя со стороны и адекватно реагировать на разные ситуации. Кроме этого, они учатся исследовать свои внутренние изменения и развивают способность к самоанализу.

- Поддержка родителей

Процесс воспитания происходит при поддержке и участии родителей. Ценности, которые прививают в школе, должны получить активную поддержку в семье. Чтобы усилить цепочку «ребенок – родители – воспитатель», нужно регулярно проводить инструктажи для родителей.

- Подготовка к семейной жизни с раннего подросткового возраста.

С возраста 11 лет детей начинают готовить к будущей семейной жизни. Приоритетная тема обучения: «понимание психологии противоположного пола – основа семейного взаимопонимания».

С детьми все понятно, а что же делать взрослым?

Курсы для взрослых

*Не нейтральность требуется от нас,
а сплочение – сплочение общего
поручительства, взаимной ответственности,
взаимодействия... На это нацелена работа
по воспитанию среди нашей молодежи,
а еще больше – среди взрослых.[151]*

К новому глобальному миру оказались не готовы все – и дети, и взрослые. Для того чтобы самостоятельно управлять автомобилем, необходимо получить водительские права. Для того чтобы адаптироваться к интегральному миру, тем более нужно пройти процесс обучения. Каждый человек должен получить знания об интегральной мировой системе и уметь этими знаниями пользоваться на практике.

Дело даже не в дисциплинах, которые будут в программе обучения, – главное, это подход. Те же история и география, поданные в проекции интегрального мира, помогут кардинально изменить мировоззрение учащихся.

Для интеграции в новой действительности необходимы знания социологии, психологии, биологии и даже физиологии: «человек, как интегральная система», «взаимодействие системы "человек" и системы "общество"».

Разнообразные системы окружающего мира и

---

[151] Бубер Мартин (1878-1965) – еврейский мыслитель и педагог.

взаимодействие с ними человека – все это поможет человеку и обществу адаптироваться в глобальном мире.

Главное – научиться видеть полную картину мира. В этом мире нет отдельно физики, географии, биологии, человека, правительства, общества. Все это – одно неразрывное целое. В интегральном ликбезе нуждаются все – и профессора и рабочие!

Без этих знаний человечество ведет себя как раковая опухоль. Мы поедаем сами себя.

Мы выбрасываем продукты питания и, одновременно, умираем с голода. Мы развиваем медицину и совершенствуем оружие. Мы говорим о гуманности и, одновременно с этим, сажаем людей на электрический стул.

А если мы поменяем эгоистическое мировоззрение на интегральное? Если будем использовать продукты по назначению, а значит меньше производить? Если прекратим выпускать оружие и оборонительные средства? Если уменьшим расходы на содержание полиции, тюрем и адвокатов? Ведь тогда совершенно естественным образом появятся миллионы... безработных.

Программа занятости

...материальные, технологические, технические средства качественно растут, а человеческие принципы остаются прежними, то есть, люди направляют эти огромные средства, которые иногда теперь оказываются в распоряжении даже отдельного индивида, на свое личное благо, а значит – во вред экологии и человечеству. Именно это приводит к кризису. Значит, чтобы не допустить кризис, нужно изменить сознание людей.[152]

На сегодняшний день один из трех жителей планеты – малоимущий или безработный.

Согласно докладу Еврокомиссии, в 12 странах, включая Италию, Испанию, Данию и Швецию, существует риск возникновения экономического кризиса из-за уровня госдолга и недостатка конкурентоспособности.

Бельгия, Болгария, Кипр, Дания, Финляндия, Франция, Италия, Венгрия, Словения, Испания, Швеция и Великобритания нуждаются в серьезном пересмотре макроэкономической политики.

Не секрет, что безработица – это один из основных факторов роста числа разводов, депрессии, преступности, отсутствия общественной стабильности.

Экономический спад бьет не только по карманам

---

[152] Менский Михаил Борисович – российский ученый-физик.

граждан, но и по их психическому здоровью. Растет количество депрессий. По данным ВОЗ (Всемирная организация здравоохранения) к 2020 году депрессия выйдет на первое место среди болезней.

В Греции, стране, давно находящейся на грани дефолта, число самоубийств в 2011 году выросло на 40%.

Необходимо начинать отрабатывать новую модель программы занятости. Суть этой модели – процесс социальной адаптации.

Такие программы необходимы как инструмент изменения социального сознания общества в целом. Негативный образ безработного, царящий сегодня в обществе, должен исчезнуть. Это возвратит людям, оставшимся без работы, былую уверенность и солидарность с обществом.

Ощущение горечи, обреченности и ожесточения, которые могут вылиться в беспорядки и волнения, происходящие сегодня в мире, сменятся ощущением сопричастности и чувством долга.

Программа курса должна включать следующие дисциплины: «современные общественные изменения», «новое социальное мышление», «развитие межличностного диалога», «семейный бюджет» и др.

Курсы интегрального обучения – это также место для приобретения профессии воспитателя, преподавателя, инструктора.

Парадигма изменилась. Логичный и естественный призыв М.С. Горбачева «Надо больше работать!» потерял свою актуальность. Не надо работать больше – надо научиться интеграции и взаимосотрудничеству.

Курсы для предприятий

Главное воздействие на производительность труда оказывают не условия труда, сами по себе, а внимание к персоналу.[153]

В 1924-1932 гг. группа социологов-исследователей Гарвардского университета, под руководством Э. Мэйо, провела социальный эксперимент на предприятии компании «Western Electric Company».

Этот эксперимент получил название Хотторнского эксперимента. В результате выяснилось, что производительность труда, заинтересованность в результатах деятельности, трудовая дисциплина в коллективах во многом зависят от методов руководства (взаимоотношения руководитель – подчиненные) и взаимоотношений между работниками.

Вопрос, как достичь правильных взаимоотношений? Исследования показывают, что совместные мероприятия укрепляют связи между сотрудниками и приносят ощутимую пользу всему предприятию. В то же время слабые связи и борьба за власть приводят к неудачам и провалам. Поэтому основная цель курса для предприятий – обучение коллективному мышлению и принятию совместных решений.

В результате начнут улучшаться связи, как внутри производственного коллектива, так и коллектива с

---

[153] Питерс Томас, Уотермен Роберт. В поисках эффективного управления, 1984 г.

руководством предприятия.

Новая атмосфера приведет к росту мотивации, удовлетворению от работы, сопричастности и личной ответственности. В коллективе появится ощущение важности и ценности каждого работника. Вследствие этого укрепится связь работников с предприятием, повысится экономия ресурсов и производительность труда, улучшится охрана окружающей среды, система взаимоотношений с поставщиками, клиентами и т.д.

В рамках интегрального воспитания можно предложить дополнительные курсы для предприятий: «личная, семейная и общественная психология», «отношения детей и родителей», «супружеские взаимоотношения», «рациональное ведение домашнего хозяйства».

Курсы для пенсионеров

Люди стареют не от времени,
а от разочарования.[154]

Население планеты стареет. Согласно прогнозам ООН, к 2045 году людей в возрасте 60 лет будет больше, чем подростков моложе 14. Растет также число долгожителей в возрасте 100 и более лет. В 2009 году их было 454 000. Как предполагают эксперты ООН, через 40 лет их будет свыше четырех миллионов.

Это нормальный естественный процесс. Вопрос, как помочь пожилым людям интегрироваться в новом глобальном мире. Как сделать так, чтобы наши родители, бабушки и дедушки не чувствовали себя оторванными от новой глобальной реальности. Глобальный мир, по определению, включает в себя все до единой части. В мире нем нет ничего лишнего или ненужного.

Вопрос, как лучше, эффективнее подключиться к общей глобальной системе, учитывая особенности каждого.

Давно известно, что многие болезни и недомогания пожилых людей возникают в результате одиночества, ощущения ненужности, оторванности от детей и внуков. Всё новые и новые факты свидетельствуют о том, что социальные связи оказывают решающее влияние на здоровье человека и общества. Десятилетнее исследование, проведенное в Австралии, выявило

---

[154] Райт Фрэнк (1867-1959) – американский архитектор-новатор.

пользу широкого круга общения, который позволяет людям быть здоровее и жить дольше.

В 2009 году ученые Гарвардского университета опубликовали данные, подтверждающие, что частые встречи с друзьями препятствуют ослаблению мозговой деятельности в пожилом возрасте.

В период расцвета израильских кибуцев продолжительность жизни в них на четыре года превышала средние показатели по стране и являлась одной из самых высоких в мире.

Документалист Дэн Бюттнер больше десяти лет посвятил исследованию регионов, в которых имеются целые сообщества долгожителей, взявших вековой рубеж. Среди этих регионов: остров Окинава на юге Японии, коста-риканский город Никоя, городок Лома-Линда, расположенный неподалеку от Лос-Анджелеса.

«Поразительно не только то, насколько эти люди энергичны и полны жизни, – сказал Бюттнер в одном из интервью. – Поразительно то, что в этих сообществах почти все без исключения живут дольше ста лет...

Я сразу понял, что между всеми ними должно быть нечто общее».

Однако продолжительные исследования климата, кислородной насыщенности и загрязнения воздуха, а также всевозможных видов искусства и хобби долгожителей ни к чему не привели. Лишь много позже Бюттнер понял, что секрет долголетия кроется ни в чем ином, как в социуме. Тесные положительные социальные связи между членами общины заряжают людей положительной энергией.

В 2005 году Бюттнер опубликовал свои выводы в журнале «National Geographic», наглядно объяснив, как действует этот механизм. К примеру, на Окинаве разные поколения семьи живут вместе, и люди преклонного возраста активно помогают растить внуков и правнуков. Старики пользуются там невиданным уважением и считаются столпами общины. Кроме того, каждый человек с молодости вступает в своего рода «вторую семью» – группу из полдюжины людей, которые поддерживают друг друга на протяжении всей жизни. Их связь считается на острове столь же прочной, как кровное родство.

В языке жителей Окинавы нет слова «пенсия», а также нет понятия «трудовой стаж». Зато там есть слово «икигай», буквально означающее причину, чтобы вставать по утрам, мотивацию. Икигай тех, кому перевалило за 80 и 90, – забота о малышах и общение со своими друзьями. Они просто излучают друг на друга чувство бодрости и полноты жизни.

Эти и другие примеры лишний раз показывают, насколько правильные взаимоотношения в обществе увеличивают продолжительность полноценной, наполненной радости жизни.

Сегодня это актуально, как никогда, поскольку весь мир приближается к состоянию «мы все – одна семья».

Курс, включающий в себя все аспекты правильных взаимодействий в глобальном интегральном мире,

позволит восполнить то, чего не хватает нашим ве-
теранам сегодня: социальную активность, возможность передать накопленный опыт, эффективную ин-
теракцию с новым поколением, а главное – уважение
и любовь со стороны детей, внуков и всего общества
в целом. Программа курсов включает в себя многие
компоненты из обычного курса для «взрослых», с
учетом особенностей, характерных для людей пенси-
онного возраста.

Реабилитация заключенных

*Человеческое существо – это часть целого,
называемого нами Вселенной... Оно
переживает себя, свои мысли и чувства,
как нечто изолированное от остального, –
своего рода оптическая иллюзия сознания.*

*Эта иллюзия – подобие тюрьмы,
ограничивающей нас только личными
желаниями и привязанностью к
немногим, ближайшим нам людям.*

*Наша задача – освободиться из этой
тюрьмы, расширив круг своего сочувствия
и объяв все живущие создания и всю
совокупность природы в ее красоте.[155]*

Число заключенных во многих странах мира постоянно растет. Так, например, в США в 80-годы бюджет на содержание тюрем вырос на 95%, в то же время бюджет на образование был сокращен на 6%.

Растет также количество заключенных-рецидивистов. Не секрет, что в заключении человек вместо исправления, наоборот, развивает криминальные навыки и связи.

В результате, тюрьма становится наказанием не только для преступившего закон, но и для всего

---

[155] Эйнштейн Альберт. Из письма, 1950 г.

общества в целом.

Необходима особая программа обучения для реабилитации заключенных. Тюрьма должна стать не местом наказания, а местом перевоспитания.

Программа должна включать: психологию, общественные дисциплины, экономику, темы брака и семьи, решение кризисных ситуаций и воспитание детей.

Преподаватели должны быть опытными воспитателями и психологами. Учебный процесс предполагает работу с учебными материалами и сдачу экзаменов.

На более продвинутом этапе заключенные, успешно окончившие курс, могут привлекаться в качестве инструкторов несовершеннолетних заключенных. Интеракция между взрослым, прошедшим процесс реабилитации, и малолетними преступниками станет эффективным средством перевоспитания.

Успешная учеба на таких курсах может стать решающим фактором для снижения сроков заключения или досрочного освобождения.

Нет сомнения, что таким образом удастся разорвать замкнутый круг, в который попадает оступившийся человек.

В том, что происходит с миром, виноваты все. Нет преступников, нет жертв, все абсолютно одинаково ответственны за плохое и за хорошее. Потому что мы живем в интегральном мире, а свойство интегрального мира – «круг», отсутствие начала и конца. Поэтому некого обвинять – все явления в человеческом обществе спровоцированы всеми.

Мы должны постичь природу цельной интегральной системы и начать по-другому относиться к каждому.

И если я достиг осознания зла, значит, я признаю, что я – единственный преступник в мире.[156]

156 Из блога: laitman.ru

Методика принятия решения

В идеальном случае решения нужно принимать за круглым столом, когда каждый может посмотреть в глаза каждого.

Сегодня все мы – и правительства, и простые граждане – должны понять, что не существует иного способа разрешить социальные проблемы, кроме совместного обсуждения нужд каждого за круглым столом (если не физически, то метафорически). За столом, где никто не главенствует, – все собравшиеся равны, у всех один статус.

Мы должны помнить, что все зависим друг от друга и несем ответственность друг за друга, как члены одной семьи. Проблемы, которые настигают нас на каждом шагу, это не причины, а симптомы настоящей болезни – недостатка сплоченности и взаимной ответственности друг за друга.

Поэтому сегодня важнее всего решать наши проблемы именно в формате круглого стола, поочередно, в порядке приоритетности. Так мы постепенно выстроим общество, которое будет руководствоваться принципом взаимного поручительства.

Из Википедии:
В современном значении выражение круглый стол употребляется с 20-го века, как название одного из способов организации обсуждения. Этот способ характеризуется следующими признаками:

- *цель обсуждения – обобщить идеи и мнения относительно обсуждаемой проблемы;*

- *все участники круглого стола*

  выступают в роли пропонентов (должны выражать мнение по поводу обсуждаемого вопроса, а не по поводу мнений других участников);

- *все участники обсуждения равноправны; никто не имеет права диктовать свою волю и решения.*

Под «круглым столом» подразумевается механизм принятия решений по вопросам, затрагивающим интересы всех социальных групп общества, а также место встречи этих социальных групп между собой.

Для того чтобы решить задачу-минимум и обеспечить необходимые потребности каждого, нам нужно всем вместе – экономистам, политикам, социологам и др., а также представителям народа – сесть за один «круглый стол» и подумать о том, какие потребности являются сейчас главными для нашей большой семьи.

В первую очередь, следует составить порядок национальных приоритетов. Механизм составления должен быть абсолютно прозрачным и ориентированным на достижение максимального благополучия всех слоев населения – только в этом случае решение «круглого стола» получит широкую поддержку со стороны общества.

На основе этого порядка приоритетов должен быть сформирован, в том числе, и государственный бюджет.

Средства массовой информации

Один доллар, вложенный в информацию и пропаганду, является более ценным, чем десять долларов, вложенных в создание систем оружия, ибо последнее вряд ли будет когда-либо употреблено в дело, в то время как информация работает ежечасно и повсеместно.[157]

Исследования в области психологии и общественных наук показывают, что окружение является решающим фактором в развитии человека и в конечном итоге определяет шкалу его ценностей.

Общество, в котором мы находимся, диктует нам моду, культуру потребления, наш внешний вид, наш досуг.

Общественные нормы, в соответствии с которыми мы себя ведем, и даже направление наших мыслей, главным образом, диктуются нам окружением.

Ученые (институт им. Вайцмана, Израиль) провели эксперименты, которые показали, как человеческий мозг заменяет собственную память «фактами», навязанными извне. Под давлением «общественного мнения» испытуемые изменили свои первоначальные ответы, подогнав их под «ответы других», – и в среднем на 70 из 80 вопросов дали неправильные ответы.

---

[157] Никсон Ричард (1913-1994) – 37-й президент США.

В формировании общественного мнения немаловажную роль играют средства массовой информации. Сегодня, с развитием технологий, доступность, скорость и масштаб распространения информации поистине безграничны. Это может принести как неоценимую пользу, так и непоправимый вред.

Утверждение, что СМИ лишь средство информации, а не идеологии, не выдерживает никакой критики.

Известный журналист и телеведущий, В.А. Кара-Мурза, в своей книге «Манипуляция сознанием» говорит: «Сегодня мало кто верит в объективность демократической прессы, купленной олигархами. Но ведь еще недавно наша интеллигенция искренне в это верила – вот что удивительно. Еще удивительнее то, что на Западе никто особенно и не скрывает, что СМИ служат интересам господствующей олигархии и ни на какую объективность не претендуют».

Одна из наиболее острых проблем современных СМИ – проблема насилия. Сериалы, клипы, кинофильмы и даже мультфильмы, наводняющие Интернет, наполнены сценами насилия и жестокости. Не так давно были запрещены для показа детям ряд мультфильмов, на которых воспитывались целые поколения. По этот запрет попали такие хиты как: «Ну погоди», «Бременские музыканты», «Вини-Пух» и др...

Но ведь запретами проблему не решить. Необходима полная переориентация СМИ. Жестокость, индивидуализм, соперничество должны уступить место сопереживанию, сотрудничеству и поручительству.

Поэтому так важно, чтобы СМИ приняли активное участие в распространении концепций нового социального мышления.

> Мы говорим о совершенно другом мире, о другом человечестве. Это действительно интегральное взаимодействие всех со всеми, но в основном это происходит под эгидой, под управлением, при одобрении и мягком чутком руководстве средств массовой информации. Это самое главное.

> По СМИ можно судить, находимся ли мы близко к этой цели, или удалены от нее, противоположны ей. На сегодняшний день – мы абсолютно противоположны интегральности.[158]

---

[158] Из блога: laitman.ru

Заключение

Это книга, несмотря на название, не об антисемитизме. Антисемитизм – это природное явление, которое самым парадоксальным образом связано с проблемой, перед которой человечество оказалось бессильно.

Речь идет о мировом глобальном кризисе.

Указать на проблему – это только полдела. Главное – предложить правильное решение. Если бы такого решения не было, эта книга никогда бы не появилась.

Мир катится туда, откуда нет выхода. Все так бы и было, если бы не одно обстоятельство. Речь идет о невероятном феномене еврейского народа.

В книге об этом сказано подробно, и потому повторяться не будем. Добавим лишь, что проблему, стоящую перед человечеством, решить можно. И начать это должен и может еврейский народ.

Закончим на оптимистической ноте. Этот процесс уже в Израиле начался...

Аннотации к книгам

ФОРМУЛА СЧАСТЬЯ –
ПОЧЕМУ ВЗАИМНОЕ ПОРУЧИТЕЛЬСТВО
– КЛЮЧ К РЕШЕНИЮ ВСЕХ ПРОБЛЕМ

Наша маленькая страна, как и каждый из нас, переживает массу проблем. Весь мир как будто катится в пропасть. Есть основание полагать, что все наши беды имеют общий корень и общее решение. Мы все связаны между собой, поэтому от качества наших взаимоотношений напрямую зависит будущее и нашей страны, и всего мира. Книга предлагает практический путь, основанный на принципе взаимного поручительства и уважения к другим людям – путь, который гарантирует нам спокойствие, уверенность и радость жизни, всё то, что принято называть счастьем, и чего нам так сильно не хватает.

НОВАЯ ЖИЗНЬ

Все мы понимаем, что завершается прежняя жизнь с ее рамками, понятиями и ценностями, что наступил переломный момент, охватывающий все сферы жизни человека.

Я предлагаю вам разглядеть в происходящем кризисе не «конец света», а начало новой жизни – счастливой жизни в новом формате природы, в новом формате человеческого общества, в новом формате внутреннего мира каждого из нас.

Я очень рад, что вы открыли эту книгу. Мы будем вместе работать, чтобы верно понять происходящее сегодня и реализовывать это понимание для создания новой, замечательной жизни, намного лучше той, что была до сих пор.

По поводу приобретения книг в Израиле
обращаться по телефону: 03-9217172

АНТИСЕМИТИЗМ
КАК ЗАКОН
ПРИРОДЫ
КНИГА ДЛЯ ЕВРЕЕВ И НЕ

---

www.antisemitizm.com

Художественный редактор А. Ицексон
Технический редактор Г. Шустерман
Художественное оформление А. Мохин
Компьютерная верстка А. Мухин
Корректор П. Календарев
Работа с источниками
О. Ицексон, Д. Мельничук, М. Шапиро, М. Каплан

Электронный адрес автора книги
brushtein.m@gmail.com

ISBN 978-965-7577-12-7
DANACODE 760-57